Geschichtenbuch Erstkommunion
herausgegeben von Hermine König
illustriert von Astrid Hoepfner-Jacobs

ISBN 3-466-50606-9

Printed in Germany
Gesamtherstellung: Kösel, Kempten
Umschlag: Günther Oberhauser, unter Verwendung eines Bildes
von Peter Schimmel

Inhalt

Jesus lädt die Kinder ein

Was für eine schöne Geschichte, in der Jesus die Kinder einlädt, zu ihm zu kommen! Die Jünger konnten sich einfach nicht vorstellen, daß an Kindern etwas Besonderes sein könnte. Sie glaubten, ihr Meister hätte Wichtigeres zu tun, als sich ausgerechnet mit Kindern zu beschäftigen. Deshalb waren sie sicher nicht wenig erschrocken, als Jesus sie zornig anfuhr und ihnen klarmachte, was Erwachsene von Kindern lernen können, zum Beispiel Vertrauen in Gottes Liebe. Als Jesus die Kinder dann in seine Arme nahm und sie begrüßte und segnete, da spürten sie bestimmt, wie sie zu ihm gehörten. Dir wäre es sicher auch so ergangen. Es gibt wirklich Einladungen, die vergißt man sein Leben lang nicht.

Eine überraschende Situation war es vor vielen tausend Jahren wohl auch für Abram, als er sich plötzlich drei unbekannten Männern gegenübersah, die darauf warteten, von ihm eingeladen zu werden. »Jemand einfach einladen, das ist doch wohl eine Zumutung!« So oder ähnlich hat Abram vielleicht gedacht. Aber eine Stimme in seinem Innern ermahnte ihn: »Gott selbst wartet auf deine Einladung, wenn Fremde und Arme und Kranke zu dir kommen.« Da hat Abram verstanden.

Es ist wirklich eine schöne Sache, eingeladen zu werden und zu erfahren: Wir gehören zusammen wie einmal 36 Kinder rund um den großen Tisch in einem Pfarrgarten.

Dann gibt es merkwürdige Situationen: Da sind Kinder, die langweilen sich und wissen nicht, was sie tun sollen,

und da sind alleinstehende Menschen, die so gerne mit jemand reden und den Tisch für einen gemeinsamen Kaffee decken möchten. Wenn bloß einer käme, aber nein! Ob das immer so bleiben muß?
Eine Einladung kann Wunder vollbringen. Sie kann aus einander gleichgültigen oder gar feindlichen Kindern regelrechte Freunde machen. Da wird einem klar, daß es überhaupt nicht darauf ankommt, wie einer aussieht und was jemand tut, sondern nur darauf, in ihm den Bruder zu erkennen, der ein Kind des großen Gottes ist wie du und ich.
Jesus hat das alles gewußt. Seine Einladung an alle Menschen gilt bis heute, und viele kommen zu seinem Fest am Sonntag, das überall auf der ganzen Erde gefeiert wird.

Jesus lädt die Kinder ein

Die Leute brachten ihre Kinder zu Jesus. Er sollte sie segnen. Die Jünger wollten das nicht und wiesen die Leute ab. Da wurde Jesus zornig und sagte: »Laßt die Kinder zu mir kommen; hindert sie nicht daran. Gerade ihnen gehört das Reich Gottes. Hört gut zu, was ich euch sage: Nur die Menschen kommen in das Gottesreich hinein, die es annehmen wie die Kinder.«
Und Jesus nahm die Kinder in seine Arme. Dann legte er ihnen die Hände auf und segnete sie.

Nach Markus 10, 13–16

Die fremden Gäste

Abram horchte. Hatte da jemand gerufen? Aber wer sollte zu dieser Stunde rufen?
Abram ließ den Kopf wieder sinken, um ein bißchen zu duseln. Er saß im geöffneten Zelteingang und ließ die Zugluft, die aus der heißen Sommerhitze in das kühle Zelt strich, um seinen Kopf wehen. Über der Steppe flimmerte die Sonnenglut, und von den Terebinthenbäumen her zog schwerer Harzduft als eine unsichtbare würzige Wolke durch das Tal. In allen Zelten war Ruhe. Die Menschen verschliefen die heiße Tageszeit. Was sollten sie auch sonst tun?
Abram horchte noch einmal. Jetzt hatte aber wirklich jemand gerufen! Er blickte ein paarmal aufmerksam um sich. Auf dem Weg nach Hebron sah er Männer stehen. Ob die es gewesen waren? Sie standen unbeweglich da und schauten zu Abrams Zelt hinüber. »Fremde«, murmelte Abram. »Was wollen sie?« Dann hörte er in seinem Ohr eine Stimme: »Abram weiß doch sicher, was er zu tun hat, wenn fremde Menschen in sein Lager kommen?«
Abram fing mit der Stimme in seinem Ohr ein Zwiegespräch an. »Es sind Fremde, und jeder Zeltbewohner nimmt Fremde freundlich auf«, sagte er.
»Freundlich ist zu wenig, Abram«, sagte die Stimme. »Du mußt sie als Freunde aufnehmen, wie Brüder, ja wie deinen Herrn.«
»Wer ist mein Herr?« fragte Abram. »Ich bin zwar hier ein Fremdling, aber ich bin frei. Ich habe keinen Herrn über mir.«
»Du bißt sehr vergeßlich, Abram«, antwortete die Stimme in Abrams Ohr. »Natürlich hast du einen Herrn! Gott ist dein Herr. Aber er ist ein Herr der Freundlichkeit. Weiß du nun, was du tun mußt?«

Kaum hatte die Stimme zu Ende geredet, war Abram schon aufgesprungen. Er sprang so heftig auf, daß die Zeltpfosten zitterten. Aber das kümmerte Abram jetzt nicht. Er lief den Fremden entgegen, warf sich vor ihnen auf den Boden und rief: »O Herr, finde ich in deinen

Augen Gnade, so geh bei deinem Knecht nicht vorüber!«
Die Männer baten Abram aufzustehen: »Steh auf, Fremder! Wir sind selbst Fremde, darum steh auf. Wir sind keine Herren. Keiner von uns ist dein Herr. Wir sind einfache Wanderer, die sich in dieser schrecklichen Mittagshitze ein wenig ausruhen möchten. Wir sahen dein Lager; und dich sahen wir am Eingang des Zeltes sitzen. Da dachten wir: Alle Zeltbewohner nehmen fremde Wanderer freundlich auf. Deshalb blieben wir stehen und schauten zu dir hinüber.«
»Habt ihr gerufen?« fragte Abram.
»Wir haben nicht gerufen«, antworteten die Fremden, »wir haben nur zu dir hinübergeschaut.«
Abram stand nun aufrecht vor den Fremden. Und er dachte an die Stimme in seinem Ohr, mit der er sich unterhalten hatte. Deshalb sagte er: »Kommt mit mir. Bitte – es darf doch Wasser gebracht werden? Eure Füße sind staubig und müde vom Wandern; ich möchte eure Füße erfrischen. Kommt, setzt euch unter den Baum dort; er gibt Schatten. Ich freue mich, daß ihr da seid. Ich lasse sofort eine Mahlzeit zubereiten, damit ihr euch stärken könnt. Erst wenn ihr gegessen habt, dürft ihr weiterwandern.«
Die Männer stiegen mit Abram den Hügel hinauf, zu seinem Zelt, und setzten sich unter den Terebinthenbaum, der bei Abrams Zelt stand. Die Männer bedankten sich bei Abram für die Aufnahme. »So gut ist noch nie jemand zu uns gewesen«, sagten sie, »deshalb nehmen wir gern deine Einladung an.«
Darüber wurde Abram froh. Während er in das Frauenzelt ging, sprach er wieder mit der Stimme in seinem Ohr. »Ich danke dir, daß du mir das alles gesagt hast«, sagte er.
»Immer, wenn Fremde kommen, will ich sie so gut

aufnehmen, weil sie mich mit der Stimme Gottes rufen.«
»Er kommt wirklich selbst, wenn Fremde und Arme und Kranke zu dir kommen, Abram! Er kommt tatsächlich selbst, wenn du zu Fremden und Armen und Kranken und Verlassenen gut bist.«
»Ja«, antwortete Abram. – Im Frauenzelt sagte er dann: »Sara, nimm schnell drei Maß Mehl, gutes Feinmehl, und knete es und backe Kuchen!« Und sofort drehte er sich um und lief auf die Weide und suchte ein Kalb aus, das einer der Knechte schlachten sollte. »Nimm dieses Kalb«, sagte Abram, »und schlachte es und brate es, aber so fein, daß meine Gäste sagen: Das leckerste Kalbfleisch unseres Lebens haben wir bei Abram gegessen.«
Der Knecht lachte. »Ho, Abram«, sagte er, »du wirst zufrieden sein!«
Die Männer waren von ihrer Wanderung müde geworden und hatten sich unter dem Baum ausgestreckt. Als Abram von der Weide zurückkam, sah er, daß sie eingeschlafen waren. »Sie sollen schlafen«, sagte Abram, »dann werden sie ausgeruht sein, wenn das Essen aufgetragen wird.«
Als die Männer erwachten, kam eine Magd mit einer Kanne voll Wasser und einer Fußbadewanne und wusch den Männern die Füße. Dann lief Abram zu den Feuerstellen und holte mit eigenen Händen die Schüssel mit dem Kalbsbraten und die frischen Brote. Eine andere Magd brachte Kannen mit Süßmilch und Ziegenbälge mit Buttermilch. Die Knechte hatten auf dem Boden ein großes Stück Rindsleder ausgebreitet; darauf stellte Abram alles, was er herbeitrug, und dann aßen die Männer. Abram stand dabei und bediente sie.

Heinrich A. Mertens

Erdbeerkuchen für Sechsunddreißig

Prälat Kemper wohnt in einem riesengroßen alten Haus. Der Weg dorthin geht durch einen Park. Man kann von rechts und von links auf zwei breiten Treppen zur Haustür hinaufsteigen. Hereingelassen wird, wer an dem langen, etwas rostigen Schellendraht zieht, bis ein altes, klappriges Glöckchen bimmelt.

Die Zimmer in dem Haus sind dunkel und altertümlich, nicht jeder möchte darin wohnen. Aber ein großes, ein sehr großes Zimmer hat das Haus. Das ist ein früheres Konferenzzimmer, aus der Zeit, als das alte Haus noch das Bischofshaus war. In dieses Zimmer hat Prälat Kemper vom Schreiner einen langen und breiten Tisch aus Eichenholz einbauen lassen. Der Tisch ist so groß, daß man ihn immer in diesem Zimmer wird stehenlassen müssen. Er geht durch keine Tür und kein Fenster mehr hinaus.

Dieser wunderschöne große Tisch kommt mehrmals im Jahr zu Ehren. Wenn der Tisch erzählen könnte, würdet ihr staunen:

Einmal hat Prälat Kemper an dem Tisch zehn türkische Gastarbeiter gehabt, die draußen vor seinem Haus die Straße teerten und die von einem starken Regen überrascht wurden. – Ein andermal aßen sich sechs Gefangene und ein Gefangenenaufseher an diesem Tisch satt; sie hatten hinter dem Haus den Garten gerodet und bekamen von Prälat Kempers Schwester eine kräftige Linsensuppe mit Wurst. – Ja, denkt euch nur: Sogar die Clowns und Seiltänzer, die Reiterinnen und der Löwenbändiger vom Zirkus Boticelli, bei denen Prälat Kemper morgens im Zirkuszelt Gottesdienst gehalten hatte, haben schon an diesem Tisch gesessen und schöne italienische Lieder gesungen.

Am schönsten ist es immer, wenn Erdbeerzeit ist. Prälat Kemper hat Unmengen von Erdbeeren im Garten. Er verschenkt Erdbeeren ans Krankenhaus, ins Altersheim, an Leute in der Nachbarschaft: aber immer noch sind Erdbeeren übrig.
Mitten in die Erdbeerzeit fällt der Johannistag. Das ist der große Kindertag. Prälat Kemper lädt seine drei erwachsenen Nichten ein; die müssen im Garten eine Bar aufbauen mit Mixgetränken, Salzstangen und Erdbeeren in Pappschüsselchen, müssen Fähnchen und Blumen im Garten aufhängen und vor allem: sie müssen tags zuvor viel Erdbeerkuchen backen.
Am Nachmittag kommen die Kinder. Prälat Kemper hat sie in den beiden Schulen und Kindergärten der ganzen Stadt ausgesucht: Aus jeder Klasse kommen zwei Kinder – das ärmste und das reichste. Voriges Jahr, denkt euch nur, waren es 36! Aber da braucht ihr nicht zu glauben, sie hätten nicht alle Platz gefunden. Der Tisch ist groß genug für 40, wenn nicht sogar für 50 Kinder.
Prälat Kemper ordnet die Kinder richtig um den Tisch herum: Durcheinander sitzen große und kleine, Jungen und Mädchen, katholische und evangelische, arme und reiche. Dann wird der Erdbeerkuchen hereingebracht. Zehn Kuchen für die 36 Kinder! Wer meint, das wäre zu viel? »Noch nicht anfangen!« ruft der Herr Prälat, »alle Augen zur Tür!« Die Tür geht auf, und die drei Nichten bringen sechs Schüsseln mit Sahne!
Da geht das Essen und das Kakaotrinken los, und Prälat Kemper geht von Kind zu Kind und fragt: »Schmeckt es, Dicker?« oder: »Noch etwas Sahne, du dünne Bohnenstange?«
Um fünf Uhr liest Prälat Kemper den Kindern ein paar Geschichten vor, um sechs Uhr wird gesungen, um halb sieben ist die Erdbeerkuchenschlacht zu Ende, und dann geht's hinaus zum großen Gartenfest. Bis halb zehn am

Abend haben Prälat Kempers Schwester, seine Nichten und der Herr Prälat selbst zu tun: fegen, Teppich kehren, Geschirr spülen und den schönen, langen, breiten Eichentisch saubermachen für die nächste Tischgesellschaft.

Josef Quadflieg

Du kannst jeden Freitag kommen

Heute ist wieder so ein langweiliger Freitag. »Sprechstunde für Berufstätige«, wie Linda das verwünscht! Mutti muß als Sprechstundenhilfe bis zum Schluß in der Praxis bleiben. Da kann es wieder acht Uhr werden. Vati ist zur Messe nach Hannover. Das bedeutet: Alleinsein, Warten und sich die Zeit vertreiben. Linda steht auf dem Balkon und sieht auf die Straße. Es ist erst sechs Uhr, aber kein Kind spielt mehr vor dem Haus. Nur wenige Autos fahren vorüber. Linda hinkelt einmal über den Balkon, sie benutzt die Platten als Hinkelfelder. Aber auch das wird schnell langweilig. Sie legt die Arme auf die Balkonbrüstung, faltet die Hände und legt das Kinn darauf. Mißmutig starrt sie ins Leere. »Freitagnachmittag ist doof! Sprechstunde für Berufstätige ist doof! Messe in Hannover ist doof! Alleinsein ist doof!« singt Linda zu einer gerade erfundenen Melodie vor sich hin.
Aus den Augenwinkeln nimmt sie unten eine Bewegung wahr. Sie kann gerade in Frau Bonkes Zimmer sehen. Frau Bonke scheint Besuch zu erwarten. Sie legt ein weißes Tischtuch auf den Tisch in der Eßecke. Für kurze Zeit verschwindet sie nun im Hintergrund des Zimmers und taucht dann wieder mit dem Geschirr auf.
Sorgfältig legt sie zwei Gedecke auf den Tisch. Linda

sieht, wie sie nun die Servietten faltet und neben die Teller legt.
Zuerst hat Linda gelangweilt zugesehen. Nun ist sie plötzlich interessiert.
Wer wird wohl Frau Bonkes Besuch sein? Sie bekommt doch sonst nie Besuch! Gerade setzt Frau Bonke einen Kerzenleuchter auf den Tisch und legt eine Schachtel Streichhölzer daneben. Kritisch überblickt sie dann noch einmal den festlich gedeckten Tisch. Sie setzt sich auf die Eckbank und wartet. Ganz plötzlich legt sie den Kopf auf den Tisch. Ihre Schultern beginnen zu zucken. Frau Bonke weint!
Verstört kaut Linda an ihren Nägeln. Warum weint Frau Bonke? Sie bekommt doch Besuch! Besuch zu bekommen ist doch schön.
Langsam läßt Linda das Balkongeländer los. Sie geht in die Wohnung. Das Bild, das sie für Mutti gemalt hat, liegt auf dem Telefontischchen. Sie nimmt es und öffnet zögernd die Tür zum Flur; doch dann rennt sie die Treppe hinunter nach draußen und hat auch schon bei Frau Bonke geschellt.
»Ich habe dir ein Bild gemalt«, stottert Linda, »hoffentlich gefällt es dir! Es ist ein Frühlingsbild. Das Oster-ABC heißt es: Anemonen, Begonien, Crocus. Wir haben es in der Schule gelernt.«
»Oh, es ist wunderschön!« sagt Frau Bonke, aber sie hat gar nicht hingesehen. »Komm doch herein, Linda, ich habe etwas Gutes gekocht. Mein Sohn wollte mich besuchen. Er hat aber abgesagt, weil er noch soviel Arbeit hat. Komm Linda, dann essen wir eben auf, was ich für ihn gedacht hatte!«
Frau Bonke hat auf einmal ein ganz fröhliches Gesicht, man sieht kaum noch, daß sie gerade geweint hat. Linda geht mit ihr ins Zimmer. Sie ist auf einmal auch ganz froh.

»Aber komisch ist es doch!« denkt sie. »Wann hat der Sohn abgesagt? Frau Bonke hat kein Telefon, und an der Haustüre war auch niemand.«
Aber schnell hat Linda diese Frage vergessen.
Sie sitzen am Tisch; sie essen, sie erzählen, sie lachen.
»Du kannst jetzt jeden Freitag kommen, wenn deine Mutter lange Dienst hat«, sagt Frau Bonke, »ich koche uns dann immer etwas Gutes. Ja, willst du?«
»Ja«, lacht Linda, »und für nächsten Freitag male ich dir noch ein viel schöneres Bild!«

Antonie Meyer

Die anderen Kinder

Die Kinder aus der Teichstraße sagten: »Die anderen Kinder«, und damit meinten sie die aus dem Bahnweg. Die Kinder aus dem Bahnweg sagten auch: »Die anderen Kinder«, und damit meinten sie die aus der Teichstraße.
Den Bahnweg gab es schon lange. Es war ein lehmiger Fahrweg, der führte durch verwildertes Wiesenland am Bahndamm entlang zur alten Kiesgrube. Die war jetzt halb zugeschüttet mit Gerümpel und Schutt.
Es gab am Bahnweg nur drei Häuser, das waren Notunterkünfte, graue Steinbaracken mit flachen Wellblechdächern.
Die Teichstraße war eine neue Straße. Hohe weiße Wohnblocks standen dort, schöne Häuser mit großen Fenstern und sonnigen Balkonen, und zwischen den Blocks gab es Grünanlagen und einen Spielplatz.
Als die Leute dort einzogen, sagten die Eltern zu ihren Kindern:

»Am Bahnweg wohnt nur schlechtes Pack. Das sind Leute, die keine Miete bezahlen, die nicht arbeiten. Mit denen wollen wir nichts zu tun haben. Spielt nicht mit den Kindern aus dem Bahnweg.«
Und die Eltern im Bahnweg sagten zu ihren Kindern: »Kümmert euch nicht um das hochmütige Volk aus den neuen Häusern. Die denken, sie wären etwas Besseres als wir.« Das machte die Kinder nur neugierig.
Die aus der Teichstraße fuhren mit ihren Fahrrädern durch den Bahnweg. Sie beneideten die Kinder dort, weil sie aus dem Gerümpel in der Kiesgrube Buden bauen konnten. Und nach jedem Regen stand Wasser in der Grube, dann paddelten die Bahnwegkinder dort auf Bretterflößen. Aber wenn sie die Teichstraßenkinder sahen, schrien sie: »Was wollt ihr hier? Teichstraßenaffen, Hosenscheißer! Paßt auf, da liegt ein Strohhalm, gleich fliegt ihr auf den Arsch! Haut ab!«
Manchmal kamen auch die Kinder aus dem Bahnweg zum Spielplatz an der Teichstraße. Sie taten so, als fänden sie hier alles komisch. Sie flüsterten miteinander und lachten übertrieben laut und zeigten mit dem Finger auf die Teichstraßenkinder. Die schrien dann:
»Ihr habt hier nichts zu suchen! Bahnwegpack, Drecksäue! Ihr wollt nur unsere Sachen klauen! Macht, daß ihr wegkommt!«
So war es zuerst, aber so blieb es nicht lange, und das kam durch Karsten aus der Teichstraße und durch Freddi, Tino und die Türken aus dem Bahnweg.
Karsten war fünf Jahre alt, und wenn er draußen spielte, sollten seine beiden großen Schwestern auf ihn achtgeben. Aber immer wieder lief er ihnen weg, und wenn sie ihn suchten, war er nirgendwo zu finden.
Am Abend saß er dann jedesmal wieder brav im Sandkasten und sagte: »Ich bin nur ein bißchen mit dem Roller herumgefahren.«

Das glaubten die Mädchen ihm auch immer.
Aber einmal wurde es Abend, und Karsten war noch nicht wieder da. Die Mädchen und drei von den großen Jungen suchten ihn. Zuletzt liefen sie zum Bahnweg. Unterwegs sagten sie: »Im Bahnweg wohnt doch ein Mann, der hat schon im Gefängnis gesessen! Wenn der jetzt dem Karsten etwas getan hat?«
»Und Zigeuner wohnen im Bahnweg!« sagten sie. »Manche Leute sagen, daß Zigeuner kleine Kinder stehlen!«
Die aus der Teichstraße blieben an der Tür stehen. »Komm sofort nach Hause!« rief eine von Karstens Schwestern.
Sie sagten: »Ausländer gibt es auch dort, Türken. Man weiß nicht, was das für Leute sind. Die reden ja nicht richtig deutsch!«
Im Bahnweg saß der Zigeunermann auf der Bank vor seinem Haus und fütterte ein kleines Kind mit Brei. Die Teichstraßenkinder fragten ihn nach Karsten. Er sagte: »Der ist mit meinem Tino weggegangen. Karsten und mein Tino sind gute Freunde.«

Beim nächsten Haus war ein Gemüsegarten. Ein junges Mädchen machte Unkraut aus, und ein alter Mann stand auf einer Leiter und flickte etwas am Dach.
Die Kinder blieben am Zaun stehen.
»Was wollt ihr denn hier?« fragte das junge Mädchen. »Gafft nicht so!«
Aber der alte Mann rief von oben: »Freddi ist mit Karsten und dem Zigeunertino bei den Türken. Alle Kinder sind eingeladen. Beeilt euch, sie feiern ein türkisches Fest!«
»Die sind doch aus der Teichstraße«, sagte das junge Mädchen.
»Macht das einen Unterschied?« fragte der alte Mann.
Sie gingen weiter. Einer von den Jungen flüsterte: »Das war der Mann, der im Gefängnis gesessen hat!«
»Warum reden die Erwachsenen eigentlich immer so schlecht von den Bahnwegleuten?« fragte ein anderer.
Bei den Türken machte eine Frau die Tür weit auf und rief: »Herein, herein!«
»Viele Gäste, großes Fest!« rief ein Mann. Er zeigte auf eine lange Polsterbank mit bunten Decken und Kissen. Dort saßen schon sieben oder acht von den Bahnwegkindern. Auch Karsten saß dort.
»Setzen! Setzen!« sagte die Frau.
Die Bahnwegkinder rückten zusammen und sahen die Teichstraßenkinder an und grinsten.
»Ihr habt Angst?« fragte der Mann. »Hier haben die Menschen Angst vor den Fremden. Warum?«
Da kamen sie herein und setzten sich.
Die Frau brachte Gläser und Tassen mit süßem Tee, und die Teichstraßenkinder mußten türkisches Gebäck essen und türkischen Tee trinken, und die Bahnwegkinder sahen ihnen zu und grinsten immer noch.
Keiner sagte ein Wort.
»Stumme Kinder?« fragte der Mann.

Jetzt grinsten auch die aus der Teichstraße, aber sie wußten nicht, was sie sagen sollten. Sie waren verlegen, weil sie so unfreundlich von den Türken gesprochen hatten.
Endlich hatten sie ihren Tee ausgetrunken. Sie bedankten sich bei der Frau.
Der Mann brachte sie zur Tür und sagte: »Kommt wieder, wir freuen uns!«
Die Bahnwegkinder liefen ihnen nach.
»Kommt wieder, wir freuen uns auch!« riefen sie. »Dann schmeißen wir euch in die Kiesgrube, ihr armen Mamakinderchen! Ihr Schürzenbandlutscher!« Sie lachten.
»Ja, morgen!« schrien die aus der Teichstraße. »Dann verhauen wir euch, ihr grinsenden Ohrwürmer!« Sie lachten auch.
»Ihr stinkenden Käsemaden!« schrien die aus dem Bahnweg.
»Ihr Kaninchenfurzfänger!« schrien die aus der Teichstraße.
Und so fing ihre Freundschaft an.

Ursula Wölfel

Veitel und seine Gäste

Niemand mochte ihn leiden. Er hatte ein spitzes, blasses Gesicht, war kleiner als wir, hatte schwarze Locken, lange Koteletten, dicke Brauen und Beine, die aussahen wie Häkelhaken, so dünn waren sie.
Vater sagte, er wäre sehr klug, und wir sollten uns schämen, daß wir nicht mit ihm spielten; doch wir wollten uns nicht mit ihm abgeben, und Heini sagte, das

fehlte gerade noch, daß wir uns mit einem Itzig auf dem Buddelplatz zeigten.
Ich wußte nicht, was ein Itzig war, aber Heini sagte, was Schlimmes, und darum paßte ich gut auf, damit ich ihm nicht doch noch mal in den Weg liefe.
Aber einmal hat er mich trotzdem erwischt.
Es war auf dem Buddelplatz; wir hatten eine Sandburg gebaut, und Heini und Manfred waren weg, Kies für die Auffahrt besorgen.
Ich saß im Buddelkasten und paßte auf, daß die anderen Kinder die Burg nicht kaputtmachten, und auf einmal sah ich ihn drüben hinter dem Springbrunnen vorkommen. Eigentlich wollte ich wegsehen, aber irgendwie kriegte ich es nicht fertig; und so saß ich bloß da und sah zu ihm rüber.
Er lief mit ganz kleinen, komisch trippelnden Schritten, die Füße sehr weit nach außen gestellt, und unterm Arm trug er eine funkelnagelneue Schippe, die leuchtete in der Sonne und hatte einen langen gelben Stiel, auf dem noch das Fabrikzeichen klebte.
Jetzt erkannte er mich und kam rüber. Ich sah schnell weg, aber zum Glück waren die anderen Kinder alle nicht aus unserer Straße und kannten Veitel nicht.
Er blieb am Rand des Buddelkastens stehen und sagte, daß ich aber 'ne schicke Burg hingesetzt hätte.
Ich sagte, die hätten Heini und Manfred genauso gebaut, und ich, ich paßte bloß auf, daß sie uns keiner kaputtmachte.
Wie das wäre, fragte er, ob man denn hier einfach so losbuddeln könnte, oder ob das was kostete.
Nee, sagte ich, das kostete nichts.
Die Sache wäre nämlich so, sagte er, er buddelte heute zum ersten Male, sein Vater hätte gesagt, er sollte nur einfach zum Spielplatz gehen, da fände er bestimmt Kinder, die ihn mitspielen ließen.

Ich war still und sah weg; ich hatte Angst, Heini und Manfred könnten zurückkommen und sehen, wie ich mich mit ihm abgab.
»Willst *du* nicht vielleicht mit mir spielen?« fragte er da auf einmal.
Ich sah entsetzt an ihm hoch, und da sah ich erst richtig, wie häßlich er war. »Nee«, sagte ich und schüttelte heftig den Kopf.
»Warum nicht?« fragte er und wurde plötzlich ganz weiß. »Darum«, sagte ich.
Da drehte er sich um und ging weg. Er lief mit ganz kleinen, komisch trippelnden Schritten, die Füße sehr weit nach außen gestellt, und unterm Arm trug er seine neue Schippe, in der sich die Sonne spiegelte.
Ein paar Wochen vergingen, und dann sagte Manfred mal, Veitel wäre krank. Ich hätte ganz gern gewußt, was ihm fehlte, aber ich getraute mich nicht zu fragen, ich hatte Angst, Heini könnte glauben, ich hätte Mitleid mit Veitel, und ich hatte doch gar keins.
Aber eines Tages sagte Vater mal zu uns bei Tisch, wir sollten doch nachher noch mal rüberkommen zu ihm, er hätte uns was zu sagen; und als wir uns reinschoben zu ihm, da standen zwei Körbchen voll Erdbeeren vor ihm, und er sagte, die sollten wir Veitel jetzt bringen, und wir sollten uns doch auch ein bißchen mit ihm unterhalten.
Heini zog gleich einen Flunsch, doch Vater fragte, ob wir denn überhaupt wüßten, was los wäre mit Veitel.
Nein, sagten wir.
»Er ist an beiden Beinen gelähmt«, sagte Vater, »und wahrscheinlich wird er nie wieder laufen können.«
Ich sah Heini an; aber Heini hatte die Augen zusammengekniffen und sah aus dem Fenster.
»Los«, sagte Vater, »jetzt geht; und vergeßt ja nicht, auch ein bißchen nett zu ihm zu sein.«

Draußen nahm mich Heini beiseite. »Hör zu«, sagte er, »dein Alter meint's gut, soviel ist klar. Aber's geht einfach nicht, wir können dem Veitel die Erdbeeren nicht bringen.«
»Aber warum denn nicht?« fragte ich.
Heini knabberte an seiner Lippe. »Warum nicht? Na, Mensch, weil er dann denkt, wir woll'n uns anschmier'n bei ihm!«
Darauf zog er mich unter die Treppe, und wir aßen die Erdbeeren auf.
Als Vater uns beim Abendbrot fragte, was Veitel gesagt hätte, antwortete Heini, na, gefreut hätte er sich, und wir sollten doch bald mal wieder mit rankommen.
Vater lobte uns; er seufzte, und er sagte, wenn mal bloß alle so einsichtig wären wie wir.
Ja, sagte Mama, bestimmt fühlten sich Veitels Leute dann wohler, denn das Schlimmste wäre Hochmut und das Zweitschlimmste Unachtsamkeit.
Ich guckte zu Heini rüber, er hatte die Augen zusammengekniffen und sah aus dem Fenster; doch er nickte.
Da nickte ich auch; aber ich merkte, ich war rot geworden, und ich hatte auch auf einmal gar keinen Hunger mehr; dabei hatte ich noch gar nichts gegessen an diesem Abend.
Am nächsten Tag passierte was Komisches.
Wir saßen beim Mittagessen, da klingelte es; Mama ging raus, und als sie zurückkam, da lachte sie, und sie sagte: »Na, seht ihr, alles trägt seinen Lohn: Veitels Eltern haben das Mädchen geschickt, und ihr seid eingeladen zu Veitels Geburtstag; morgen um fünf sollt ihr da sein.«
Ich schielte zu Heini rüber; der sah starr auf den Teller.
»Na, hört mal«, sagte Vater, »freut ihr euch denn nicht?«

»Doch, doch«, sagte ich schnell.
»Ja, sehr«, sagte Heini.
Nach dem Essen gingen wir gleich auf den Spielplatz, wo wir uns mit Manfred verabredet hatten. Manfred saß auf dem Rand des Buddelkastens, er baumelte mit den Beinen und sah vor sich hin.
Was denn los wäre, fragten wir ihn.
»Ach, Mensch«, sagte er.
Heini kniff die Augen zusammen. »Jetzt sag bloß, der Veitel hat dich auch eingeladen.«
»Auch –?« sagte Manfred; »tatsächlich, bei euch war die auch?«
Wir erzählten ihm alles, und dann überlegten wir, was an der Sache für ein Haken sein könnte.
Heini war der Meinung, es handelte sich um eine Falle; Veitel wollte sich bloß an uns rächen, das wäre alles.
»Das beste«, sagte Manfred, »man geht gar nicht hin.«
»Bist du verrückt!« sagte Heini; »daß die noch denken, wir haben Schiß. Nee, hin müssen wir jetzt; bloß wie.«
Es war nicht einfach, das Richtige rauszufinden, aber schließlich einigten wir uns: Wir nahmen die Einladung an, doch nicht ohne Revolver.
Wir holten gleich Geld aus dem Sparkassenschwein und kauften uns jeder drei Zündplätzchenrollen.
»Besser ist besser«, sagte Heini; »so biste auf alles gefaßt.«
Am nächsten Tag mußten wir erst mal in die Badewanne, dann schickte Mama uns zum Frisör, und dann mußten wir unsere Matrosenanzüge anziehen, bekamen saubere Kragen um und durften nichts anfassen und mit nichts spielen und uns nicht hinsetzen draußen und gar nichts.
Heini knirschte mit den Zähnen, er tat die erste Zünd-

plätzchenrolle in den Revolver und sagte, na, das sollte er uns aber büßen, der Itzig.
Wir trafen uns mit Manfred im Park.
Manfred hatte seinen Revolver auch schon geladen, und Heini und er, sie aßen erst mal die Pralinen auf, die Mama uns für Veitel mitgegeben hatte.

Unterwegs trafen wir dann auch noch andere Kinder aus unserer Straße, die auch alle ihre Sonntagskleider anhatten und zu Veitels Geburtstagsfest gingen. Wir überlegten, ob wir ihnen sagen sollten, daß sie in eine Falle liefen; aber Heini war der Meinung, es wäre besser, wir behielten es erst mal für uns, Veitel schöpfte sonst bloß Verdacht.
Veitels Eltern wohnten in einer geräumigen Villa mit einem großen Garten drum herum. Wir klingelten, und das Mädchen kam raus und nahm uns die Mützen ab und führte uns in ein Zimmer, in dem lauter Kerzen brannten, und ein mächtiger Tisch war gedeckt, und überall standen Kinder aus unserer Straße herum und aßen Plätzchen und tranken Saft, und ganz oben am Tisch saß Veitel und blickte vor sich hin auf den Teller.
Wir bekamen einen sehr großen Schreck, als wir ihn sahen. Alles Häßliche aus seinem Gesicht war weg, seine Stirn leuchtete, und er sah ganz zart und zerbrechlich aus und war richtig schön.
Wir blieben dicht an der Tür stehen, wir hofften, da sähe er uns nicht; aber da kam schon das Dienstmädchen auf uns zu, und es sagte, wir möchten doch zu ihm kommen, damit er uns guten Tag sagen könne.
Wir zögerten erst, aber dann gingen wir doch hin, und Veitel lachte und gab uns die Hand, und er sagte: »Ich freu' mich kaputt, daß ihr da seid.« Manfred schluckte und fragte, wie es ihm ginge.
»Danke, gut«, sagte Veitel.

Dann kam das Dienstmädchen wieder und goß Kakao ein, und wir setzten uns alle. Ich saß links von Veitel, Heini saß rechts von ihm. Manfred saß weiter unten am Tisch, er hatte Glück gehabt, er war beim Plätzeverteilen beiseite getreten.
Der Kakao schmeckte sehr gut, und der Kuchen war auch wunderbar.
Einmal kam Veitels Mutter rein; sie war schwarzhaarig wie er und sehr dick und sehr nett, und sie trug einen kleinen Bart auf der Oberlippe. Sie ging überall herum und fragte, ob wir auch satt würden und ob es auch schmeckte, und dann sagte sie, wir sollten ja nicht vergessen: am Abend, da gäbe es noch eine Überraschung für alle.
Die anderen Kinder waren alle sehr fröhlich. Nur Heini und ich waren nicht fröhlich, und Manfred wohl auch nicht, aber das sah man nicht so, der aß bloß dauernd.
Veitel dagegen war richtig aufgekratzt. Immer wieder fragte er uns, ob wir denn auch genug hätten, und wir sollten doch nur zugreifen, und auch das Dienstmädchen fragte er dauernd, ob denn genug Kuchen und genug Kakao da wären, es sollte bloß nicht knauserig sein und sollte allen genug geben. Dabei aß Veitel selber fast gar nichts, er rührte nur immer in seiner Tasse herum und schüttelte ein bißchen den Kopf und lächelte vor sich hin.
Ich wäre sehr gern auch fröhlich gewesen, aber ich konnte tun, was ich wollte, es wurde nichts draus. Ich weiß nicht, warum, ich mußte dauernd dran denken, wie Veitel auf dem Spielplatz damals von mir weggegangen war mit diesen kleinen, komisch trippelnden Schritten, die Füße sehr weit nach außen gestellt, und unterm Arm die neue Schippe mit dem langen gelben Stiel, in dem sich die Sonne spiegelte.
Veitel merkte, daß ich was hatte, und auch daß Heini

was hatte, begriff er sehr schnell; er sah uns ein paarmal an und lachte, und nicht viel hätte gefehlt, und ich wäre weggerannt.
Gott sei Dank kam aber dann Veitels Vater rein; der war auch sehr nett, und er sagte, wer fertig wäre und Lust hätte, der sollte jetzt mit in den Garten rauskommen, da sollten Sackhüpfen und Eierlaufen stattfinden, und man könnte auch Kricket spielen.
Wir rannten gleich los, und Heini und ich, wir rannten sogar noch schneller als alle anderen.
Dann fing das Sackhüpfen an; das machte großen Spaß. Heini gewann dreimal, weil er so lange Beine hatte, und einmal gewann ich auch selber, und alle klatschten, und Veitels Vater kam angerannt, er war ganz außer Atem, weil er sich um alles zugleich kümmerte, und er steckte jedem von uns eine Papierblume an und klopfte uns auf die Schulter und sagte, wirklich, das hätten wir großartig gemacht eben.
Manfred stand erst abseits, aber dann machte er auch mit, und schließlich wollte er gar nicht mehr aufhören und hüpfte und hüpfte, und dabei hatten die anderen schon längst angefangen, Blindekuh zu spielen.
Das Eierlaufen ließen wir die Mädchen machen, wir spielten Kricket. Das war sehr aufregend, weil man dabei doch achtgeben muß, daß die Kugel auch richtig durchs Tor geht.
Wir spielten ziemlich lange, und auf einmal fing es an dunkel zu werden, und vom Haus her rief Veitels Mutter, so, und jetzt wäre es soweit, hier wartete die Überraschung auf uns.
Wir liefen sofort alle hin, und da lagen auf einem Tisch lauter zusammengefaltete Lampions und Bündel von Stöcken und Schachteln mit Kerzen, und Veitels Vater befestigte die Kerzen, und Veitels Mutter klappte die Lampions auf und hängte sie an die Stöcke.

Ich bekam einen sehr schönen; er sah aus wie ein Mond und hatte blaue Augen und einen lachenden Mund, in dem man die Zähne sah.
Es dauerte eine ganze Weile, bis wir alle einen Lampion hatten. Dann stellten wir uns auf, und Veitels Vater lief aufgeregt mit einer brennenden Kerze die Reihen entlang und steckte behutsam die Lichter an.
Als alle Lampions dann hell waren, da schienen schon richtig die Sterne, und vorn fingen ein paar Mädchen an, leise das Laternenlied zu singen.
»Kommt aber zurück!« rief Veitels Mutter; »es gibt noch Abendbrot hinterher!«
Dann setzte sich unser Zug in Bewegung.
Wir liefen erst einmal im Garten herum. Als die ersten dann wieder am Haus vorbeikamen, da sah ich Veitel.
Er saß in einem Lehnstuhl auf der Veranda. Seine Augen waren sehr groß. Er hatte eine Decke um die Beine und eine Baskenmütze auf, man hatte den Eindruck, er wollte verreisen. Seine Eltern standen hinter ihm, sie hatten ihm die Hand auf die Schulter gelegt und sahen freundlich, doch ohne zu lächeln, zu uns herüber.
Ich war ziemlich weit hinten im Zug, ich hatte Angst, einer könnte meinen Lampion kaputtmachen. Als aber die Spitze des Zuges dann in den Kiesweg einbog, der auf die Straße rausführte, da rannte ich vor und hielt das Gartentor auf.
Es sah wunderbar aus, die Lampions so heranschweben zu sehen, auf die Veranda und auf Veitel und seine Eltern fiel dabei immer ein anderes Licht: mal ein blaues, mal ein grünes, mal ein rotes, mal ein gelbes.
Jetzt sangen alle Kinder das Laternenlied. Ich wartete, bis sie heran waren, dann drängte ich mich zwischen sie und sang mit.

Wolfdietrich Schnurre

Der schönste Tag der Woche

Lazarus freut sich die ganze Woche über auf den Sonntag. Lazarus ist zehn Jahre alt und wohnt in einem kleinen Dorf in dem afrikanischen Land Tansania. Lazarus freut sich nicht allein; alle Menschen in seinem Dorf freuen sich auf den Sonntag. Der Sonntag ist nämlich ein Festtag. Ganz in der Frühe stehen alle in der Familie auf und ziehen ihre schönen bunten Kleider an. Lazarus dauert das viel zu lange, bis alle festlich geschmückt sind. Endlich ist es soweit. Sie machen sich auf den Weg zur Kirche. Das ist ein langer Weg, denn nicht jedes Dorf hat eine Kirche. Fröhlich wandern sie los, Lazarus mit der Mutter und den Geschwistern, dann der Vater. Aus allen Hütten des Dorfes kommen die Leute und begrüßen sich fröhlich. Bald ist es ein langer Zug von schwatzenden und singenden Menschen, der von Dorf zu Dorf zieht. Mehrere Stunden dauert die Wanderung. Aber das ist gerade das, was Lazarus und seinen Freunden soviel Spaß macht. Wieviel gibt es zu sehen und zu erzählen unterwegs. Manchmal singen sie auch mit den Erwachsenen und klatschen wie sie in die Hände. Das ist alles so fröhlich, daß manchmal Menschen, die keine Christen sind, aus ihren Hütten kommen und fragen: »Was seid ihr so fröhlich? Zu welchem Fest seid ihr eingeladen?« »Zum Jesus-Fest« antworten dann die Leute, »kommt doch mit, dann hört und seht ihr mehr.« So wird der Zug immer länger, immer lauter und fröhlicher, bis sie endlich alle an der Kirche ankommen. Da steht die Sonne schon hoch am Himmel. In der Kirche singen und tanzen die Leute weiter. Sie werden erst still, als der Priester ihnen von Jesus erzählt. Das ist spannend, Lazarus hört ganz genau hin. Vieles weiß er schon über Jesus. Dann essen alle gemeinsam sein Brot.

Nach dem Gottesdienst verlassen sie die Kirche, bleiben aber noch zusammen, um gemeinsam zu Mittag zu essen. Danach setzen sich die Frauen zusammen, um miteinander zu erzählen. Auch die Männer versammeln sich. Darauf hat Lazarus gewartet. Endlich kann er mit seinen Freunden zum Fußballspielen verschwinden.
Als Lazarus dann am Nachmittag ein wenig müde im langen Zug wieder zu seinem Dorf zurückwandert, ist er fest überzeugt, daß der Sonntag der schönste Tag der Woche ist.

Hermine König

Von diesem Brot gibt es die Fülle

Wie gut Brot schmeckt, das wissen die Menschen am besten, die nicht genug davon haben. Das tägliche Brot ist das tägliche Geschenk Gottes für jeden Menschen auf der Erde. Aber es ist ganz ungleich verteilt. Geht es uns nicht manchmal wie dem Hamster in der Geschichte? Wir haben so viel, daß wir den Kopf nicht mehr drehen können! Aber wir müssen versuchen, aus unserer Hamsterscheune herauszufinden wie die kleine Sonja und der Petja oder auch das Mädchen Elsibeth in unseren Erzählungen.
Bevor wir das Brot essen können, hat es eine lange Geschichte hinter sich. Du kennst sie bestimmt, wie aus dem kleinen Korn in der dunklen Erde die reife Ähre heranwächst, deren Körner, gemahlen und gebacken, das herrliche Brot ergeben. Da verstehst du bestimmt, daß das tägliche Brot zu allen Zeiten bei den Menschen als eine besondere Gabe Gottes geachtet wurde. Und es gibt viele Brotgeschichten, die davon erzählen. Diese zum Beispiel, wie das israelitische Volk bei seinem langen Zug durch die Wüste großen Hunger litt und Gott das Manna in der Wüste wachsen ließ. Dann die Geschichte, wie Jesus die Menschen satt machte und ihnen erklärte, daß seine Botschaft von der Liebe Gottes so wichtig für die Menschen ist wie das tägliche Brot. Und schließlich die allerschönste Brotgeschichte, in der wir erfahren, wie Jesus sich selbst zum Geschenk gemacht hat und so bei uns ist über seinen Tod hinaus. Das feiern wir Christen immer wieder und danken, daß Jesus »das Brot unseres Lebens« ist.

Das Mahl – macht es später genauso, wenn ihr an mich denkt

Alles ist gesagt und getan. Noch einmal sind sie beisammen: die Jünger, die Schüler des Herrn. Alle, die er von den Hecken und Zäunen aufgelesen hatte und die nicht nein gesagt haben, als er sie anrief. Zwei schickt er voraus, daß sie das Passah-Mahl richten, die anderen folgen. Sie essen gemeinsam, so wie es bei den Juden üblich ist. Nichts unterscheidet sie von den anderen. Bis das Mahl vorbei ist. Bis Jesus unmißverständlich anfängt, von seinem Ende zu reden, von seinem Tod.
Nur noch das Brot liegt auf dem Tisch, ein Krug mit Wein steht herum, die Becher sind leer. Die Jünger rätseln an den Worten Jesu herum.
In diesem Augenblick spricht Jesus die Worte: BROT und WEIN, MEIN FLEISCH und MEIN BLUT für das Leben, für euer Leben. Es ist das einzige Geschenk, das ich euch machen kann. So bin ich bei euch, bleibe ich bei euch, auch wenn ich weggehe. Im Wein, der jeden Durst löscht; im Brot, das alle satt macht; Brot und Wein als Hoffnung aller, die in meinem Namen leben wollen. Ich bin da und ich bin bei euch bis in euren Tod. Ich bin im Brot. Ich bin euer Brot. Ich bin Brot, ich bin Wein.
Die Jünger essen. Die Fischer und die Bauern, die Händler und die Korbflechter essen und trinken. Noch verstehen sie es nicht. Sie ahnen nur, was geschieht. Noch sehen sie ja den Herrn leibhaftig neben sich. Noch redet er mit ihnen, noch können sie sich an ihn halten. Morgen erst, übermorgen erst, wenn sie allein sein werden, wenn er nicht mehr da sein wird, fangen sie an zu begreifen, was er in dieser Nacht für sie getan hat.

Kurtmartin Magiera

Unser Brot

Als Körnlein gesät,
als Ähren gemäht,
gedroschen im Takt,
gesiebt und gehackt,
dann hurtig und fein
gemahlen vom Stein.
Geknetet und gut
gebräunt in der Glut,
so liegt's duftend und frisch
als Brot auf dem Tisch.
Laßt uns, eh wir's brechen,
den Segen erst sprechen.

Volksgut

Ein großer Schatz

Der heilige Franz und sein Bruder Masseo kamen eines Tages recht hungrig in einem Dorf an und baten die Menschen dort um Brot. Als sie ihren Bettelgang beendet hatten, fanden sie vor der Stadt einen guten Platz zum Essen, wo eine schöne Quelle sprang, und daneben war ein breiter, schöner Stein, der ihnen sehr gefiel. Auf den legten sie die Stücke Brot, die die Menschen ihnen geschenkt hatten.

»O Bruder Masseo, wir sind eines so großen Schatzes gar nicht wert«, rief der heilige Franz aus. Das verstand Bruder Masseo nicht und erwiderte: »Wie kann man da von einem Schatz reden, wo so viel Armut ist und es an den nötigsten Dingen fehlt? Hier ist kein Tischtuch, kein Messer, kein Fleischbrett, keine Schüssel, keine Hütte, kein Tisch, kein Diener und keine Magd.«

Da sprach der heilige Franz: »Das gerade ist es, was ich für einen großen Schatz halte: Was hier ist, ist uns durch Gottes Güte geschenkt, wie zu sehen ist am Brot, das uns gegeben wurde, am Steintisch, der so herrlich ist, an der Quelle, die so klar ist. Und darum will ich, daß wir Gott bitten, er wolle uns diesen köstlichen Schatz liebgewinnen lassen von ganzem Herzen.«

Rudolf G. Binding

Die Geschichte vom Hamster

Einmal hat ein Hamster ein Feld mit vielen guten Körnern gefunden. Er hat sich die Backentaschen vollgestopft und ist zu seinem Bau gelaufen und hat die Körner in seiner Vorratskammer ausgespuckt. So ist er zehnmal hin- und hergelaufen, dann war die Vorratskammer voll, und der Hamster war müde. Aber er hat gedacht: »Eine Vorratskammer voll Körner ist gut, aber zwei sind besser.« Schnell hat er eine neue Vorratskammer gegraben und ist wieder hin- und hergelaufen und hat Körner und Körner herangeschleppt. Dann war auch die andere Vorratskammer voll, und der Hamster war so müde, daß er kaum noch laufen konnte. Aber er hat gedacht: »Zwei Vorratskammern voll Körner sind sehr gut, aber drei sind bestimmt noch besser!« Er hat also wieder eine Vorratskammer gegraben und noch mehr und noch mehr Körner geholt. Als dann die dritte Vorratskammer voll war, haben immer noch viele Körner auf dem Feld gelegen. Der Hamster wollte sie alle haben. Jetzt konnte er aber nicht mehr graben, er war zu müde. Er hat die letzten Körner einfach in seine Schlafkammer getragen. Aber auf einmal war es Winter, und alle Hamster sind in ihren Bau gekrochen und haben geschlafen. Nur der eine Hamster konnte nicht schlafen. Bis zum Hals hat er in seinen Körnern gesessen!

Ursula Wölfel

Das Kind in der Pfütze

Auf der Straße liegt ein Stück alte Zeitung. Da ist ein Bild drauf. »Oh, guck mal, Karin!« sagt Markus. »Ist das da nicht ein schwarzes Kind?«
»Ih, laß doch!« ruft Karin. »Das liegt ja halb in der Pfütze.« Aber Markus hat schon einen Stock geholt und angelt das Papier aus dem Schmutzwasser. Guck, nun sind es sogar zwei Kinder, die er herausgefischt hat. Aber was ist das? Wie sehen die denn aus? So dünn, oh, so dünn! Fast wie Leute, die schon tot sind. Ihre Arme und Beine scheinen zerbrechlich wie Streichhölzer. Nur die kleinen Bäuche sind ganz dick.
»Mensch, Karin, was ist denn das?« fragt Markus. »Lies mal vor. Da steht doch was drunter.« Aber die Schrift ist voller Schmutz. Karin kann das nicht lesen. Sie laufen zur Mutter. »Du, Mutter, was ist das?«
Die Mutter weiß es. Sie hat schon davon gehört. Ja, solche Kinder gibt's wirklich. Eine ganze Menge sogar. Und viele sind schon gestorben vor Hunger. Es hat so lange nicht geregnet in Afrika, wo sie wohnen.
Da sagt Markus, er will drei Tage gar nichts essen, und dann soll Mutter das alles nach Afrika schicken.
»Hm«, meint die Mutter, »so einfach geht das nicht. Aber ich werd's mir überlegen.«
An diesem Abend ißt die Familie nur trockenes Brot. Das Geld, das sie dadurch gespart haben, darf Timmi in eine leere Kaffeedose tun. Es klappert ordentlich. »Wieviel Essen kann man dafür wohl in Afrika kaufen?« fragt Karin. Keiner weiß das so recht. »Na, jedenfalls sind wir sechs«, meint Tina. »Dann müßte das für die Zwei auf dem Bild doch drei Mahlzeiten geben, schätze ich.«
Ja, das könnte wohl sein. Sehr viel ist's nicht; aber doch wenigstens ein bißchen. Ein Anfang.

Friderun Krautwurm

Reicher Mann und armer Mann

Reicher Mann und armer Mann
standen da und sahn sich an.
Und der Arme sagte bleich:
»Wär ich nicht arm,
wärst du nicht reich.«

Bertolt Brecht

Alles in zwei Teile teilen

Ein Mädchen und ein Knabe fuhren in einer Kalesche von einem Dorf in das andere. Das Mädchen war fünf und der Knabe sechs Jahre alt. Sie waren nicht Geschwister, sondern Vetter und Base. Ihre Mütter waren Schwestern. Die Mütter waren zu Gast geblieben und hatten die Kinder mit der Kinderfrau nach Hause geschickt. Als sie durch ein Dorf kamen, brach ein Rad am Wagen, und der Kutscher sagte, sie könnten nicht weiterfahren. Das Rad müsse ausgebessert werden, und er werde es gleich besorgen.
»Das trifft sich gut«, sagte die Niania, die Kinderfrau. »Wir sind so lange gefahren, daß die Kinderchen hungrig geworden sind. Ich werde ihnen Brot und Milch geben, die man uns zum Glück mitgegeben hat.«
Es war im Herbst, und das Wetter war kalt und regnerisch. Die Kinderfrau trat mit den Kindern in die erste Bauernhütte, an der sie vorüberkamen. Die Stube war schwarz, der Ofen ohne Rauchfang. Wenn diese Hütten im Winter geheizt werden, wird die Tür geöffnet, und der Rauch zieht so lange aus der Tür, bis der Ofen heißt ist. Die Hütte war schmutzig und alt, mit breiten Spalten im Fußboden. In einer Ecke hing ein Heiligenbild, ein

Tisch mit Bänken stand davor. Ihm gegenüber befand sich ein großer Ofen.
Die Kinder sahen in der Stube zwei gleichaltrige Kinder: ein barfüßiges Mädchen, das nur mit einem schmutzigen Hemdchen bekleidet war, und einen dicken, fast nackten Knaben. Noch ein drittes Kind, ein einjähriges Mädchen, lag auf der Ofenbank und weinte ganz herzzerreißend. Die Mutter suchte es zu beruhigen, wandte sich aber von ihm ab, als die Kinderfrau eine Tasche mit blinkendem Schloß aus dem Wagen ins Zimmer brachte. Die Bauernkinder staunten das glänzende Schloß an und zeigten es einander. Die Kinderfrau nahm eine Flasche mit warmer Milch und Brot aus der Reisetasche, breitete ein sauberes Tuch auf dem Tisch aus und sagte: »So, Kinderchen, kommt, ihr seid doch wohl hungrig geworden?« Aber die Kinder folgten ihrem Ruf nicht. Sonja, das Mädchen, starrte die halbnackten Bauernkinder an und konnte den Blick nicht von ihnen abwenden. Sie hatte noch nie so schmutzige Hemden und so nackte Kinder gesehen und staunte sie nur so an. Petja aber, der Knabe, sah bald seine Base, bald die Bauernkinder an und wußte nicht, ob er lachen oder sich wundern sollte. Mit besonderer Aufmerksamkeit musterte Sonja das kleine Mädchen auf der Ofenbank, das noch immer laut schrie. »Warum schreit sie denn so?« fragte Sonja.
»Sie hat Hunger«, sagte die Mutter.
»So geben Sie ihr doch etwas.«
»Gern, aber ich habe nichts.«
»So, jetzt kommt«, sagte die Niania, die inzwischen das Brot geschnitten und zurechtgelegt hatte.
Die Kinder folgten dem Ruf und traten an den Tisch. Die Kinderfrau goß ihnen Milch in kleine Gläschen ein und gab jedem ein Stück Brot. Sonja aber aß nicht und schob das Glas von sich fort. Und Petja sah sie an und tat das gleiche.

»Ist es denn wahr?« fragte Sonja, auf die Bauersfrau zeigend.
»Was denn?« fragte die Niania.
»Daß sie keine Milch hat?«
»Wer soll das wissen? Euch geht es nichts an.«
»Ich will nicht essen«, sagte Sonja.
»Ich will auch nicht essen«, sprach Petja.
»Gib ihr die Milch«, sagte Sonja, ohne den Blick von dem kleinen Mädchen abzuwenden.
»Schwatze doch keinen Unsinn«, sagte die Niania. »Trinkt, sonst wird die Milch kalt.«
»Ich will nicht essen, ich will nicht!« rief Sonja plötzlich. »Und auch zu Hause werde ich nicht essen, wenn du ihr nichts gibst.«
»Trinkt ihr zuerst, und wenn etwas übrigbleibt, so gebe ich ihr.«
»Nein, ich will nichts haben, bevor du ihr etwas gegeben hast.«
»Ich trinke auch nicht«, wiederholte Petja.
»Ihr seid dumm und redet dummes Zeug«, sagte die Kinderfrau. »Man kann doch nicht alle Menschen gleichmachen! Das hängt eben von Gott ab, der dem einen mehr gibt als dem andern. Euch, eurem Vater hat Gott viel gegeben.«
»Warum hat er ihnen nichts gegeben?«
»Das geht uns nichts an – wie Gott will«, sagte die Niania. Sie goß ein wenig Milch in eine Tasse und gab diese der Bauersfrau. Das Kind trank und beruhigte sich.
Die beiden anderen Kinder aber beruhigten sich noch immer nicht, und Sonja wollte um keinen Preis etwas essen oder trinken.
»Wie Gott will . . .«, wiederholte sie. »Aber warum will er es so? Er ist ein böser Gott, ein häßlicher Gott, ich werde nie wieder zu ihm beten.«

»Pfui, wie abscheulich!« sagte die Niania. »Warte, ich sage es deinem Papa.«
»Du kannst es ruhig sagen, ich habe es mir ganz bestimmt vorgenommen. Es darf nicht sein, es darf nicht sein.«
»Was darf nicht sein?« fragte die Niania.
»Daß die einen viel haben und die anderen gar nichts.«
»Vielleicht hat Gott es absichtlich so gemacht«, sagte Petja.
»Nein, er ist schlecht, schlecht. Ich will weder essen noch trinken. Er ist ein schlimmer Gott! Ich liebe ihn nicht.«
Plötzlich ertönte vom Ofen herab eine heisere, vom Husten unterbrochene Stimme. »Kinderchen, Kinderchen, ihr seid liebe Kinderchen, aber ihr redet Unsinn.«
Ein neuer Hustenanfall unterbrach die Worte des Sprechenden. Die Kinder starrten erschrocken zum Ofen hinauf und erblickten dort ein runzliges Gesicht und einen grauen Kopf, der sich vom Ofen herabneigte.
»Gott ist nicht böse, Kinderchen, Gott ist gut. Er hat alle Menschen lieb. Es ist nicht sein Wille, daß die einen Weißbrot essen, während die anderen nicht einmal Schwarzbrot haben. Nein, die Menschen haben es so eingerichtet. Und sie haben es darum getan, weil sie ihn vergessen haben.«
Der Alte bekam wieder einen Hustenanfall. »Sie haben ihn vergessen und es so eingerichtet, daß die einen im Überfluß leben und die anderen in Not und Elend vergehen. Würden die Menschen nach Gottes Willen leben, dann hätten alle, was sie nötig haben.«
»Was soll man aber tun, damit alle Menschen alles Nötige haben?« fragte Sonja.
»Was man tun soll?« wisperte der Alte. »Man soll Gottes

Wort befolgen. Gott befiehlt, man soll alles in zwei Teile teilen.«
»Wie, wie?« fragte Petja.
»Gott befiehlt, man soll alles in zwei Teile teilen.«
»Er befiehlt, man soll alles in zwei Teile teilen«, wiederholte Petja. »Wenn ich einmal groß bin, werde ich das tun.«
»Ich tue es auch«, versicherte Sonja.
»Ich habe es eher gesagt als du!« rief Petja. »Ich werde es so machen, daß es keine Armen mehr gibt.«
»Na, nun habt ihr genug Unsinn geschwatzt« sagte die Niania. »Trinkt die Milch aus.«
»Wir wollen nicht, wollen nicht, wollen nicht!« riefen die Kinder einstimmig aus. »Wenn wir erst groß sind, tun wir es unbedingt.«
»Ihr seid brave Kinderchen«, sagte der Alte und verzog seinen Mund zu einem breiten Lachen, daß die beiden einzigen Zähne in seinem Unterkiefer sichtbar wurden. »Ich werde es leider nicht mehr erleben. Ihr habt aber einen wackeren Entschluß gefaßt. Gott helfe euch.«
»Mag man mit uns machen, was man will«, rief Sonja, »wir tun es doch!«
»Wir tun es doch«, bekräftigte auch Petja.
»Das ist recht, das ist recht«, sprach der Alte lächelnd und hustete wieder. »Und ich werde mich dort oben über euch freuen«, sprach er, nachdem der Husten vorüber war. »Seht nur zu, daß ihr's nicht vergeßt.«
»Nein, wir vergessen es nicht!« riefen die Kinder aus
»Recht so, das wäre also abgemacht.«
Der Kutscher kam mit der Nachricht, daß das Rad ausgebessert sei, und die Kinder verließen die Stube
Was aber weiter sein wird, werden wir ja sehen.

Leo Tolstoi

Elsibeth

Es war einmal ein Mädchen. Wie hieß es doch gleich? Elsibeth! Richtig, Elsibeth, und nicht Elsbeth oder Elisabeth oder Marianne oder Gaby oder Annemarie oder Kornelia oder Susanne. Elsibeth, und nicht anders! Nein, da braucht sich keine Elsbeth oder Elisabeth oder Marianne oder Gaby oder Annemarie oder Kornelia oder Susanne betroffen fühlen und denken, sie sei mit der Geschichte gemeint. Dabei essen sie doch alle brav, was ihnen die Mutter mit Mühe gekocht hat. Nur bei Elsibeth war das anders.

Diese Elsibeth aß nicht gern . . . Ja, was aß sie eigentlich nicht gern?

Am Montag gab es Reibekuchen mit Kompott.

Elsibeth sagte: »Ich mag keinen Reibekuchen.«

Als Elsibeth am Dienstag aus der Schule kam, stellte die Mutter Frikadellen für sie auf den Tisch.

Elsibeth stöhnte: »Frikadellen!«

Am Mittwoch bereitete die Mutter etwas besonders Feines: gefüllte Tomaten mit Petersilienreis.

Elsibeth klagte: »Ich will Pfannkuchen!«

Am Donnerstag brachte die Mutter Pfannkuchen mit Marmelade.

Elsibeth erklärte: »Ich mag keine Pfannkuchen!«

Am Freitag gab es gebratenes Fischfilet mit Kartoffelsalat und Mayonnaise. Elsibeth ächzte: »Schon wieder Fisch!«

Am Samstag füllte die Mutter den Teller mit goldgelbem Kaiserschmarren. Sie stellte den duftenden Kaiserschmarren vor Elsibeth auf den Tisch, dazu ein Schälchen Aprikosenkompott.

Was sagte Elsibeth? – »Ich mag keinen Kaiserschma . . .«

Der Rest blieb ihr im Halse stecken. Entgeistert starrte

sie dem Tische nach, der wie ein Wiesel zur Tür hinauslief und verschwand. Nach einer Weile kam der Tisch wieder zur Tür herein. Doch bevor er sich an seinen Platz stellte, trat er Elsibeth geschwind auf die Zehen.
»Au!« schrie Elsibeth. »Das hat er mit Absicht getan! Bestimmt!«
»Er wird wohl seinen Grund gehabt haben«, meinte die Mutter.
»Jemand hat meinen schönen Kaiserschmarren gegessen!« stellte Elsibeth entrüstet fest.
»Dir war er ja nicht gut genug«, sagte die Mutter. Sie nahm den Teller und das Schälchen vom Tisch. Beide waren leer und blitzblank. »Oh, die sind sogar schon abgespült!« sagte die Mutter. Aber dann schaute sie den Teller und das Schälchen genauer an und sagte: »Nein, sie sind nicht abgespült. Sie sind ausgeleckt.«

»Ausgeleckt!« rief Elsibeth. »Pfui! Teller auslecken ist nicht fein!«
»Nein«, sagte die Mutter. »Teller auslecken ist nicht fein. Aber es gibt Millionen Kinder auf der Welt, die oft tagelang nichts zu essen haben. Zu einem solchen Kind, scheint mir, ist der Tisch gelaufen. Und wenn so ein Kind, das nicht weiß, ob es morgen oder übermorgen etwas zu essen bekommt, den Teller auch noch ausleckt, um ja nichts zurückzulassen, dann wollen wir es ihm trotz allem nicht übelnehmen. Oder?«
Einige Tage später hatte Elsibeth Geburtstag. Die Mutter hatte Elsibeths Lieblingsspeise gekocht und auf den Tisch gestellt. Elsibeth wollte schon anfangen zu essen, aber dann legte sie das Besteck wieder nieder. Sie gab dem Tisch einen kleinen Klaps und flüsterte: »Lauf!«
Das ließ sich der Tisch nicht zweimal sagen. Er huschte zur Tür hinaus.
Wieder kam er mit leerem Teller zurück. Aber als er sich diesmal an seinen Platz stellte, gab er gut acht, daß er Elsibeth nicht auf die Zehen trat.

Josef Guggenmos

Das Brot der Wüste

Gott hatte das Volk der Israeliten aus der Unterdrückung Ägyptens herausgeführt und ihm ein wunderbares Land als Heimat versprochen. Aber der Weg dorthin war weit und sehr beschwerlich.
Nach einiger Zeit waren die Reisevorräte aufgebraucht. Sie fanden in der Wüste nichts, aus dem sie eine Mahlzeit hätten bereiten können. Sie mußten hungern. Da wurden sie böse und riefen: »Wären wir doch in Ägypten geblieben. Wenn wir auch unterdrückt waren, so hatten

wir doch wenigstens zu essen. Unser Führer Mose hat uns hier in die Wüste geführt, damit wir vor Hunger sterben.« Da hörte Mose Gottes Stimme: »Ich habe das Murren und die Klagen der Menschen gehört. Ihr sollt Fleisch und Brot finden. Dann werdet ihr merken: Ich bin euer Gott, ich sorge für euch.« Da schimpfte Mose mit den Menschen: »Ihr vertraut Gott nicht. Aber ihr werdet sehen, daß er euer Helfer und Retter ist.«
Am Abend flogen riesige Vogelschwärme in das Lager der Israeliten und ließen sich fangen. Da hatten die Menschen Fleisch zu essen und legten sich gesättigt schlafen. Am nächsten Morgen lag in der Frühe noch der Tau rings um das große Lager. Als aber die Sonne schien, verschwand der Tau, und die Israeliten entdeckten unter den Sträuchern etwas, was sie nicht kannten, rund, klein und klebrig. Aufgeregt liefen sie zusammen und riefen: »Man hu?«, das bedeutet in ihrer Sprache: »Was ist das?« Mose sagte ihnen: »Das ist das Brot, das Gott euch gibt, es schmeckt wie Brot und Honig.«
Die Israeliten nannten das Honig-Brot »Manna«. Sie fanden es alle Morgen und sammelten soviel sie für den Tag brauchten. Sie dankten Gott und priesen ihn für seine Güte.

Nach dem zweiten Buch Mose

Samuel erlebt ein Passa-Fest

Der kleine Samuel hat heute seinen großen Tag. Er kann es kaum abwarten, bis sich am Abend die ganze Familie im Gasthaus um den großen Tisch versammelt. Großvater hat schon im Tempelhof das Osterlamm geschlachtet. Nun wird es in der Küche für das Festessen zubereitet. Samuel darf zusehen, wie die

Frauen den großen Tisch im Gästehaus festlich decken.
Auf Silberschalen wird das Lammfleisch hereingebracht. An jedem Platz stehen Schüsseln und kostbare Becher für den Wein. Oben am Tischende steht der Sessel Großvaters wie ein Königsthron, ihm gegenüber der siebenarmige Leuchter und der Korb mit dem ungesäuerten Brot. Samuel weiß, das erinnert an den Auszug aus Ägypten. Da hatten die Israeliten keine Zeit mehr, Brot mit Sauerteig zu backen. So blieb das Brot für die große Reise ungesäuert.
Schon kommen die ersten Gäste. Feierlich begrüßen sie den Großvater. Er ist ja der Gastgeber. Jedem zeigt er seinen Platz rund um den Tisch. »Wo ist denn Samuel?« fragt Großvater. »Er hat ja heute seinen Ehrentag!« Da entdeckt er ihn hinter dem Vorhang. Samuel wird ganz rot. Aber Großvater nimmt ihn an der Hand und führt ihn auf den Ehrenplatz, ihm gegenüber an den großen Tisch. Dann nimmt der Großvater den Becher Wein, hebt ihn hoch und spricht ein Tischgebet. Samuel ist ganz aufgeregt. Er weiß, wenn Großvater den Becher zum zweiten Mal hebt und ihn segnet, dann ist sein großer Augenblick gekommen. Samuel ist nämlich der Jüngste am Tisch. Er darf dann Großvater vor der ganzen Familie fragen, warum sie Jahr für Jahr das hohe Passa-Fest feiert. Doch vorher bricht Großvater noch das Brot in Stücke und teilt es aus. Alle essen davon. Samuel fragt dann endlich mit heller Stimme: »Warum feiern wir heute ein so großes Fest?«
Feierlich nimmt Großvater die Schriftrolle und erzählt die Geschichte von der wunderbaren Rettung seines Volkes durch Gott. Er erzählt die Geschichte der Israeliten, die vor vielen Jahren in Ägypten gefangen waren: Pharao, der König der Ägypter, wollte unsere Vorfahren, die Israeliten, nicht laufen lassen. Da beteten unsere

Vorfahren zu Gott, und Gott schickte viele Plagen, um Pharao und seine Ägypter zu ängstigen. Jedoch das rührte sie nicht. Ein Engel Gottes kam zu unseren Vorfahren. Der sagte, sie sollten ein Lamm schlachten, zu Gott beten und es essen. Mit dem Blut sollten sie ihren Türpfosten anstreichen. Das taten alle unsere Vorfahren am Ostertage, als es dunkel wurde. Der Engel kam und strafte die Ägypter fürchterlich. An den Häusern unserer Vorfahren ging er vorbei. Noch in der Nacht liefen alle Israeliten zusammen und verließen von Mose angeführt das Land. Pharao zog ihnen bald mit Soldaten nach. Aber Gott rettete unsere Vorfahren und damit unser ganzes Volk. Viele Soldaten des Pharao ertranken in den Fluten des Roten Meeres.

»Ja, Gott ist mächtig. Er hat sein Volk lieb. Darum hat er es gerettet, und nun dürfen wir hier wohnen«, sagt der Großvater.

»Alleluja« antworten die Gäste und essen von dem Lammfleisch. Danach hebt Großvater den Segenskelch. Das erinnert an das letzte Passa-Fest in Ägypten. Alle Gäste trinken. Samuel hat gar nicht gemerkt, daß sie schon über drei Stunden feiern, so gut gefällt ihm das Passa-Fest. Nun ist er etwas traurig, daß Großvater bereits das große Lob- und Danklied anstimmt:

»Dies ist der Tag,
den der Herr uns geschenkt hat.
Wir wollen jubeln, uns über ihn freun.

Mein Gott bist Du, Dir will ich danken.
Mein Gott, Dich will ich rühmen.

Danket dem Herrn; denn er ist gut.
Ja, immer schenkt er seine Freundschaft.«

Karl Heinz König

Von diesem Brot gibt es die Fülle

Achim hörte, wie er zu einem seiner Jünger sagte: »Philippus, wo werden wir genug Brot kaufen können, damit alle satt werden?«
Die Jünger schauten auf den, der so hieß, und Achim merkte, daß Philippus verlegen war, als er aufstand.
»Herr, du weißt«, sagte er, »daß es auf diesem Ufer außer Bethsaida nur ein paar Weiler gibt. Aber die haben kein Brot zu verkaufen. Die sind ganz arm.« Er stockte. Plötzlich fiel ihm was ein, und er sagte ziemlich laut: »Es ist auch wegen des Geldes. Selbst wenn wir zweihundert Denare hätten, bekämen wir nicht genug Brot dafür, daß es für die vielen auch nur zu einem Bissen reichte. Nein, Herr, es reicht nicht, es langt nirgends hin.«
Während er noch »Es geht wirklich nicht« und »Da ist nichts zu machen« murmelte, war der Große aufgestanden, der auf der Ruderbank gesessen war und von dem Onkel Jonas gesagt hatte, er verstünde auch etwas vom Fischen.
»Nun, Andreas«, fragte Jesus, »weißt du einen Rat?«
»Eigentlich weiß ich keinen«, sagte Andreas, »aber es ist ein Knabe hier, der hat fünf Gerstenbrote und zwei Fische in seinem Korb.« Er zuckte die Achseln. »Ich sage das nur so, denn was ist das für so viele?«
»Ist der Knabe noch da?«
»Vorhin sah ich ihn hier oben stehen. Ich winkte ihm, da lief er weg.«
»So rufe ihn.«
»Ich rief ihn, aber er hörte nicht.«
»Dann will ich ihn rufen«, sagte Jesus und wandte sich um. »Achim, Sohn des Obadja, komm zu mir!«
»Das bist du«, sagte der Arbeiter, »steh auf.«
»Wie wäre das möglich?« sagte Achim verwirrt, aber er stand auf. Er wagte nicht, sich umzublicken, weil er

viele Augen auf sich gerichtet fühlte und weil lauter erwachsene Männer um ihn waren.
»Nimm deinen Korb und komm zu mir«, sagte Jesus.
Achim hob den Kopf. Er blickte über die Leute weg. »Ich komme, Herr, wenn du es haben willst.«
Er nahm den Korb, und die Männer, die vor ihm saßen, rückten beiseite. Bis hinauf zu dem Hügel, wo Jesus stand und Achim entgegenblickte, war alles voller Leute, und die letzten duckten sich bloß, damit Achim über ihre Schultern steigen konnte. Der große Andreas streckte ihm die Hände entgegen. Er nahm ihm den Korb ab, und dann hob er ihn zu sich empor auf den Fels und zu Jesus. Jesus schwieg.
Tausende von Menschen sahen still, erwartungsvoll und mit glänzenden Augen zu ihm auf, sie saßen so reglos, daß sich keine Gewandfalte bewegte.
Jesus wandte sich an seine Jünger: »Schafft, daß das Volk sich breiter lagere.«
»Das geht zu machen«, sagte Andreas, und er sprang von dem Felsen, damit alle sehen konnten, daß etwas Besonderes vorginge. »Rückt weiter auseinander«, rief er laut. »Tut wie in einem Heerlager, wo die Fähnlein zu fünfzig oder hundert beisammensitzen, wenn es ans Essen geht.«
»Ans Essen?« riefen einige verwundert.
»Ans Essen!« riefen die am weitesten hinten standen. Und sie wichen zurück. Der Ruf wanderte durch die Reihen. Auf einmal war das ganze Lager in Bewegung . . .
Als alle sich gelagert hatten, nahm Jesus die Brote aus dem Korb, hob sie empor und sprach: »Vater, ich danke dir für deine reiche Gabe.«
Achim stand neben ihm und dachte, daß dieses Gebet dem Gebet Vater Obadjas ähnlich sei und doch anders laute. Er merkte sich die Worte.

Dann brach Jesus die Brote und teilte die Fische. Er gab seinen Jüngern davon, damit sie beides weiterreichen konnten, und stieg vom Stein herab. Achim sah, wie er denen, die zunächst saßen, selbst Brot und Fisch reichte und wie er Brot und Fisch weitergab, und doch wurde beides nicht weniger.
»Wie geht das zu?« fragte Achim. Er stand allein auf dem Stein. Niemand konnte ihm Antwort geben, denn die Jünger waren unterwegs, und Jesus reichte gerade dem Arbeiter aus Gamuls Weinberg Brot und Fisch und ging weiter. Achim setzte sich. Allein auf dem Fels zu stehen, kam ihm vermessen vor, und sehen konnte er auch so genug. Er konnte nach rechts und nach links schauen, und wenn er den Kopf drehte, sah er rundherum. Er sah den gutmütigen Riesen, neben dem der kleine Schlenkerer fast verschwand. Die beiden waren zum Mittelpunkt der Tischgesellschaft geworden, um den sich alle scharten, sobald sie ihr Teil an Brot und Fisch empfangen hatten. Alle aßen, und wo sich Mangel zeigte, erschien einer der Jünger und teilte zum zweitenmal aus.
»Achim, hast du keinen Hunger?« fragte Jesus, als er zurückkehrte.
»Es gibt soviel zu sehen«, sagte Achim.
»Bleib sitzen«, sagte Jesus, »ich setze mich zu dir. Bei einem gemeinsamen Mahl soll sich keiner ausschließen. Nimm das größere Stück, du hast schon lange nichts gegessen.«
»Ich bin aber gar nicht hungrig.«
»Iß«, sagte Jesus, »von diesem Brot gibt es die Fülle . . .«

Fritz Mühlenweg

Das Brot des Vertrauens

Zweihundertsechsundsiebzig Menschen waren auf dem Schiff. Gerade noch hatte der Segler in friedlicher Fahrt gelegen. Es war ein freundlicher Oktobertag. Der Südwind trieb ihn langsam an der Küste entlang. Die Menschen saßen auf ihren Bündeln oder hatten den Kopf auf das Bündel gelegt und freuten sich an der warmen Sonne. Da verdunkelte sich der Himmel.

Auf dem Schiff war auch ein Hauptmann mit mehreren Gefangenen, die nach Rom gebracht werden sollten. Hauptmann Julius schaute prüfend in den Himmel. Dann ging er zu einem Gefangenen, der ohne Wachsoldat am Schiffsgeländer stand, und sprach ihn an: »Paulus«, sagte er, »du bist ein erfahrener Seefahrer. Wie wird das Wetter?«

Paulus schaute in den Himmel. Dann suchte er scharf den Horizont ab. »Ich habe es schon im großen Hafen von Kreta gesagt, Hauptmann, daß es gefährlich ist, weiterzufahren. Aber du wolltest mir nicht glauben.«

»Ich habe mich schon darüber geärgert, daß ich dir nicht geglaubt habe. Das Wetter scheint umzuschlagen; es riecht nach Sturm.«

Aber das letzte Wort schlug der Sturm dem Hauptmann schon vom Mund fort. Über Deck lief der Schiffsreeder und rief den Leuten zu, sie sollten in die Kajüten hinuntersteigen. »Nach unten!« rief er. »Nach unten! Der Wind wird gefährlich!« Es gab immer viel Umstände, wenn jemand von Deck geschleudert wurde. Da wollte er lieber dafür sorgen, daß alle auf dem Schiff blieben. Aber er hätte gar nicht so herrisch zu rufen brauchen. Die meisten Leute auf dem Schiff waren keine Seeleute und hatten sich beim ersten Windstoß voller Angst aufgerichtet. »Sturm?« fragten sie. Es war ihnen

ganz seltsam, daß nach Sonnenschein so plötzlich Sturm kommen sollte.
Von der Insel her, an der sie so friedlich dahinfuhren, blies es stoßweise und mit knatterndem Donner. Dagegen konnte man weder mit Segeln noch mit Rudern etwas unternehmen. Die Schiffer versuchten es eine Zeitlang; aber dann gaben sie es auf: »Laßt den Kahn treiben«, sagten sie. Im Windschatten einer kleinen Insel gelang es ihnen noch, das einzige Rettungsboot, das hinter dem Schiff herschleppte, aufs Schiff zu ziehen. Das Schiff krachte dabei in allen Hölzern. »Wir müssen den Kasten mit einem Gürtel versehen«, sagte der Schiffskapitän; und dicke Stricke wurden um die Außenwände des Schiffs gezogen. Vielleicht hielt es so mehr aus.
Tage vergingen. Nächte vergingen. Die Segel waren längst eingezogen: »Damit der Wind möglichst wenig an uns zu zausen hat«, sagten die Schiffsleute. Aber der Wind hatte noch genug an dem Schiff zu zausen. Er warf und schleuderte es hin und her und auf und ab. »Das Schiff liegt zu tief im Wasser«, sagten die Seeleute. »Es muß weiter aus dem Wasser herausschauen, damit nicht so viel Wasser über Deck schlagen kann.« Deshalb machten sie das Schiff leichter; einen Teil der Ladung warfen sie über Bord.
Aber es half nicht viel. »Das Schiff ist noch immer zu schwer. Die schweren Schiffsgeräte nützen uns sowieso nichts mehr. Weg mit ihnen!« riefen die Schiffer. Und als ob sie sich nur damit retten könnten, warfen sie die Schiffsgeräte über Bord.
Tage vergingen, Nächte vergingen. »Wo fahren wir?« fragten die Leute. »Fahren wir schon in der Unterwelt?« Es war immer dunkel. In der Nacht sahen sie keine Sterne, am Tag sahen sie keine Sonne. Brüllender Sturm trieb das Schiff durch dunklen Nebel.

Die zweihundertsechsundsiebzig Menschen wurden immer stiller. Die meisten von ihnen saßen ohne Hoffnung in einer Ecke der Kajüte oder auf der Treppe, die ins Schiffsinnere führte und hielten sich krampfhaft an einem Haken oder einem Seil fest, damit sie nicht durch das schlingernde Schiff von einer Seite zur andern geschleudert wurden. Die meisten hatten seit Beginn des Sturmes kaum mehr etwas gegessen, weil das Schaukeln des Schiffes sie seekrank gemacht hatte.
In einer Nacht, nach vierzehn Tagen Sturmfahrt, geschahen aufregende Dinge. Die Schiffsleute horchten plötzlich in die Luft. Das Wasser rauschte so anders. »Wir sind in Landnähe«, murmelte einer. Sie ließen sofort das Senkblei ins Wasser, um zu erfahren, wie tief es bis zum Meeresboden sei. Beim ersten Messen hatten sie eine Tiefe von 37 Meter unter sich. Beim zweiten Messen waren es nur noch 28 Meter. »Wahrhaftig, wir sind in Landnähe«, sagten die Schiffer zueinander. Aber das war nun sehr gefährlich. Wenn das Schiff auf die Strandklippen geschleudert wurde, konnten sie alle ertrinken. In der Brandung würde sich keiner retten können. Deshalb warfen die Schiffer zunächst einmal Anker.
Die meisten Männer und alle Frauen hatten von diesen Vorgängen nichts gesehen, sie hatten nur davon gehört. Sie waren viel zu schwach, um sich noch auf Deck zu schleppen. Aber einige Männer waren auf Deck. Auch Paulus war auf Deck.
Die Männer sahen interessiert zu, wie die Schiffsleute das Rettungsboot über das Bordgitter hoben, um es zu Wasser zu lassen.
»Was wollt ihr tun?« fragte einer der Soldaten.
»Wir wollen zu Wasser gehen und auch am Vorschiff einen Anker festmachen. Das können wir nur von unten her tun.«
Als Paulus das hörte, dachte er: Das geht nicht mit

rechten Dingen zu. Und plötzlich schoß es ihm durch den Kopf: Diese Schufte wollen fliehen! Sie wollen das Schiff auf dem Rettungsboot verlassen und heimlich an Land rudern; sie wissen ganz genau, wie gefährlich es ist, das Schiff noch weiter an Land heranzufahren. Und sofort ging Paulus zum Hauptmann Julius, der gerade in der Kajüte nach dem Rechten sah, und rief ihm entgegen: »Hauptmann, die Schiffsleute wollen das Schiff verlassen und uns dem Meer überlassen. Wenn das geschieht, sind wir alle verloren.«

Im Augenblick danach war Julius auf Deck und ließ von seinen Soldaten die Seile durchhauen, an denen das Rettungsboot hing. Die Schiffsleute fluchten zwar mächtig über diese Frechheit – aber was nützte es: Das Boot trieb kieloben durch die Dunkelheit davon. Auf dem Schiff sprach es sich sofort herum, daß der Gefangene Paulus das Schiff gerettet hatte.

So kam es, daß Paulus am Morgen zu den Leuten auf dem Schiff sprechen konnte und ihm alle zuhörten. Paulus aber wollte, daß sie nun alle endlich wieder einmal aßen. »Heute werden es vierzehn Tage«, sagte er, »daß ihr immer nur dasitzt und auf das Ende des Sturmes wartet, ohne etwas zu essen. Darum rate ich euch, jetzt zu essen; das dient zu eurer Rettung.«

Sie hörten ihm zu und schauten ihn an. Dann sahen sie, wie er Brot nahm. Er betete, daß alle es hören konnten: »Gott, wir preisen Dich für das Leben, das Du uns durch dieses Brot gibst«, und dann aß er. Da bekamen alle Mut und aßen ebenfalls, wie Paulus.

Das geschah in der Morgenfrühe. Es geschah noch viel an diesem Tag. Das Schiff wurde ganz ausgeräumt, so daß nur noch die Menschen auf dem Schiff waren. Vor allem eine große Getreideladung, die in dem Schiff befördert wurde, konnte den Menschen gefährlich werden, wenn das Schiff auf Land geschleudert wurde. Das

Getreide wurde ins Meer geschüttet; es hätte sie alle unter sich begraben können, wenn das Schiff auseinanderbrach.
Dann wurden die Anker wieder gehoben. Die Segel wurden aufgestellt. Das festgestellte Steuer wurde freigemacht, und dann hielt man auf den Strand zu, der in Sichtweite vor ihnen lag. Aber das Schiff kam nicht bis ans Ufer. Eine Landzunge, die unter Wasser tief ins Meer hinausragte, schob sich dazwischen. Die Spitze des Schiffes bohrte sich tief in den Sand hinein, das Hinterteil brach auseinander. Da erscholl der Ruf: »Rette sich, wer kann!« Und alle zweihundertsechsundsiebzig Menschen schwammen und wateten und stampften dem Strand zu. Alle wurden gerettet.
»Weil wir das Brot des Vertrauens gegessen haben, das Paulus uns gesegnet hat«, sagte eine Frau, die es kaum fassen konnte, daß das Schiff nicht mit ihnen allen untergegangen war. Der Hauptmann Julius hörte es und nickte. Aber er sagte nichts.

Heinrich A. Mertens

Das Feld der Bruderliebe

Wir Menschen sagen so schnell: »Ich hab' dich lieb!« Als ob das die einfachste Sache der Welt sei. Die schönste Sache, ja – aber die einfachste? Nein, die einfachste nicht, das hat der alte Fischer erfahren, als er vor dem Glaskrug saß und seinen schönen Fisch bewunderte, den er so liebte. Da spürte der Fischer, was er aus Liebe zu tun hatte: Er mußte dem Fisch die Freiheit des großen Meeres wiedergeben. Das ist dem Fischer nicht leicht gefallen, das wirst du mir glauben. Die Liebe will immer das Beste für den anderen, und das kann einem selbst weh tun. So gibt auch der glückliche Prinz gemeinsam mit dem Schwälberich eins nach dem anderen von sich weg für die Menschen seiner Stadt. Und Jesus hat von sich gesagt: »Ich gebe mein Leben hin für meine Freunde, die ich liebhabe.« Die schönste Sache der Welt, aber nicht die einfachste.
Es ist ein großes Geheimnis. Manchmal finden Menschen ein Stück dieses Geheimnisses, die beiden Brüder zum Beispiel, die nicht nur an sich selbst dachten, sondern einer an den anderen und so erst zu richtigen Brüdern wurden.
Sich verschenken, das kann zum Segen für viele werden. Das hat uns der afrikanische Bischof von Zambia in einem Märchen erzählt. Vielleicht wirst du entgegnen: »Das könnte ich alles nicht.« So sicher nicht, das erwartet auch niemand, aber vielleicht anders. Micki hat bestimmt ähnlich gedacht. Aber als es darauf ankam, einem Hilflosen beizustehen, da hat er gewußt, was er tun konnte.

Ja, vielleicht wirst du noch fragen: »Woher hat Jesus eigentlich die Kraft gehabt, die Menschen so zu lieben, daß er nicht feige geworden ist und durchgehalten hat bis zum Tod? So lieben kann wohl nur einer, der sich ganz geborgen weiß in der Liebe Gottes. Durch Jesus wissen wir, diese Liebe Gottes ist wie eine Hand, die uns hält. Sie ist größer als alle menschliche Liebe zusammen.

Der gute Hirt

Einmal erzählte Jesus:
Ich bin der gute Hirt. Der gute Hirt gibt sein Leben für seine Schafe. Das tut ein bezahlter Knecht nicht, weil ihm die Schafe nicht gehören. Wenn der Wolf kommt, flieht der Knecht, damit ihm nichts passiert, und er läßt die Schafe einfach im Stich. Ihm liegt nichts an den Schafen. So kann der Wolf kommen, die hilflosen Schafe auseinanderjagen, sie töten und fressen.
Ich aber bin der gute Hirt. Ich kenne sie alle, die zu mir gehören und meine Freunde sind. Und meine Freunde kennen mich.
So kennt mich auch der Vater und ich den Vater.
Ich bin der gute Hirt. Ich gebe mein Leben hin für meine Freunde, die ich liebhabe.

Nach Johannes 10, 11–15

Der Glückliche Prinz

Hoch über der Stadt auf einer großen Säule stand die Statue des Glücklichen Prinzen. Er war über und über mit dünnen Blättchen aus Feingold geschmückt, als Augen hatte er zwei glänzende Saphire, und ein großer roter Rubin glühte auf seinem Schwertgriff. Ihn bewunderte wirklich alle Welt.

Eines Abends flog ein kleiner Schwälberich über die Stadt. Seine Freunde waren vor sechs Wochen nach Ägypten gezogen, er aber war zurückgeblieben, denn er liebte ein Schilfrohr, eine wunderschöne Rispe. »Willst du mit mir ziehen?« sagte er endlich zu ihr. Aber die Rispe schüttelte den Kopf; sie hing so sehr an ihrem Heim.

»Du hast mit mir gespielt«, rief er. »Ich mach mich jetzt auf zu den Pyramiden. Gehab dich wohl!« Und er flog davon.

Er flog den ganzen Tag, und gegen Abend erreichte er die Stadt. »Wo soll ich absteigen?« sagte er. »Ich hoffe, die Stadt hat Vorbereitungen getroffen.«

Da sah er das Standbild auf der hohen Säule. »Hier will ich absteigen«, rief er. »Es hat eine gute Lage und viel frische Luft.« Und er ließ sich genau zwischen den Füßen des Glücklichen Prinzen nieder.

»Ich habe ein goldenes Schlafzimmer«, sprach er leise zu sich, während er sich näher umsah und schickte sich an, schlafen zu gehen. Doch gerade als er seinen Kopf unter den Flügel steckte, fiel ein dicker Wassertropfen auf ihn nieder.

Er schaute nach oben und sah – ja, was sah er da? Die Augen des Glücklichen Prinzen standen voller Tränen, und Tränen rannen seine goldenen Wangen herab. So schön war sein Antlitz im Mondlicht, daß der kleine Schwälberich Mitleid empfand.

»Wer bist du?« sagte er.
»Ich bin der Glückliche Prinz.«
»Warum weinst du dann?« fragte der Schwälberich. »Du hast mich ganz naß gemacht.«
»Als ich noch lebte und ein Menschenherz hatte«, antwortete das Standbild, »wußte ich nicht, was Tränen sind, denn ich lebte im Schloß von Sanssouci, wo der Sorge der Einlaß verwehrt wird. Am Tage spielte ich mit meinen Gefährten im Garten, und abends führte ich im großen Saal den Tanz an. Rund um den Garten lief eine sehr hohe Mauer, aber ich fragte nie, was dahinter lag, denn alles um mich herum war so schön. Meine Höflinge nannten mich den Glücklichen Prinzen, und glücklich war ich in der Tat, wenn Vergnügen Glück bedeutet. So lebte ich und so starb ich. Und da ich nun tot bin, haben sie mich so hoch hier hinaufgestellt, daß ich alle Häßlichkeit und alles Elend meiner Stadt sehen kann, und obwohl mein Herz aus Blei ist, muß ich doch weinen.«
»Weit von hier«, sagte das Standbild mit leiser melodischer Stimme, »weit von hier in einer kleinen Gasse steht ein ärmliches Haus. Eines der Fenster ist offen, und durch die Öffnung kann ich eine Frau sehen, die an einem Tisch sitzt. Ihr Gesicht ist mager und müde, und sie hat rauhe rote Hände, die von der Nadel ganz durchstochen sind, denn sie ist eine Näherin. Sie stickt Passionsblumen auf ein Seidenkleid, das die schönste Ehrendame der Königin am nächsten Hofball tragen will.
In einem Winkel des Zimmers liegt ihr kleiner Sohn krank zu Bett. Er hat Fieber und verlangt nach Apfelsinen. Seine Mutter kann ihm nichts geben außer Wasser aus dem Fluß, darum weint er.
Schwälberich, kleiner Vogel, willst du ihr nicht den Rubin aus meinem Schwertgriff bringen? Meine Füße

sind am Sockel festgemacht, und ich kann mich nicht bewegen.«
»Ich werde in Ägypten erwartet«, sagte der Schwälberich.
»Schwälberich, kleiner Vogel«, sagte der Prinz, »willst du nicht eine Nacht bei mir bleiben und mein Bote sein? Der Junge ist so durstig, und die Mutter so traurig.«
»Es ist sehr kalt hier«, sagte er, »aber ich will für eine Nacht bei dir bleiben und dein Bote sein.«
»Ich danke dir, kleiner Vogel«, sagte der Prinz.
Der Schwälberich pickte den großen Rubin aus dem Schwert des Prinzen und trug ihn im Schnabel über die Dächer der Stadt... Zuletzt kam er zu dem ärmlichen Haus und blickte hinein. Der Junge wälzte sich fiebrig in seinem Bett, die Mutter war eingeschlafen, so müde war sie. Der Schwälberich hüpfte ins Zimmer und legte den großen Rubin neben den Fingerhut auf den Tisch. Dann flog er sacht um das Bett und fächelte die Stirn des Jungen mit seinen Flügeln.
»Wie kühl mir wird«, sagte der Junge. »Ich glaube, es geht mir besser.« Und er fiel in einen köstlichen Schlaf.
Darauf flog der Schwälberich zurück zum Glücklichen Prinzen und berichtete ihm, was er getan hatte.
»Sonderbar«, sagte er, »aber ich fühle mich ganz warm, obwohl es so kalt ist.«
»Das kommt von deiner guten Tat«, sagte der Glückliche Prinz.
Der kleine Schwälberich wurde nachdenklich, dann schlief er ein. Nachdenken machte ihn immer schläfrig. Als es Tag wurde, flog er zum Fluß hinunter und nahm ein Bad.
»Heute abend reise ich nach Ägypten«, sagte der Schwälberich und fühlte sich beschwingt bei dieser Aussicht.

Als der Mond aufging, flog er zum Glücklichen Prinzen zurück. »Hast du irgendwelche Aufträge für Ägypten?« rief er. »Ich bin gerade beim Aufbruch.«
»Schwälberich, kleiner Vogel«, sagte der Prinz, »willst du nicht noch eine Nacht bei mir bleiben? Weit von hier, am Ende der Stadt sehe ich in einer Dachstube einen jungen Mann. Er lehnt über einem mit Papieren bedeckten Tisch, und in einem Becher neben ihm steht ein Strauß welker Veilchen. Er versucht, ein Stück für den Direktor des Theaters fertig zu schreiben, aber er friert so sehr, daß er nicht weiterkommt. Im Kamin brennt kein Feuer, und er ist vor Hunger halb ohnmächtig.«
»Ich will noch eine Nacht länger mit dir wachen«, sagte der Schwälberich, der wirklich ein gutes Herz hatte. »Soll ich ihm auch einen Rubin bringen?«
»Ach! Einen Rubin habe ich nicht mehr«, sagte der Prinz. »Mir bleiben nur meine Augen. Sie sind aus seltenen Saphiren gemacht, die man vor tausend Jahren aus Indien herbrachte. Reiße einen aus und bringe es ihm. Er wird es dem Juwelier verkaufen und sich Essen und Brennholz beschaffen können und sein Stück vollenden.«
»Lieber Prinz«, sagte der Schwälberich, »das kann ich nicht tun«, und er fing an zu weinen.
»Schwälberich, kleiner Vogel«, sagte der Prinz, »tu, wie ich dir befehle.«
Und der Schwälberich pickte dem Prinzen das Auge aus und flog fort zur Dachkammer des Studenten. Es war leicht hineinzulegen, denn im Dach war ein Loch. Er schoß hindurch und ins Zimmer. Der junge Mann stützte den Kopf in die Hände, er hörte darum nicht das Flattern der Vogelflügel, und als er aufblickte, lag auf den verwelkten Veilchen ein schöner Saphir.
Am nächsten Tag flog der Schwälberich zum Hafen. Er setzte sich auf den Mast eines großen Schiffes und sah

zu, wie die Matrosen an Tauen Kisten aus dem Laderaum hievten. Als der Mond aufging, flog er zurück zum Glücklichen Prinzen.

»Ich komme dir Lebewohl sagen«, rief er. »Schwälberich, kleiner Vogel«, sagte der Prinz, »willst du nicht noch eine Nacht bei mir bleiben?«

»Es ist Winter«, sagte der Schwälberich, »und bald wird der kalte Schnee da sein. In Ägypten scheint warm die Sonne auf die grünen Palmen . . .«

»Unten auf dem Platz«, sagte der Glückliche Prinz, »steht ein kleines Streichholzmädchen. Sie hat ihre Streichhölzer in den Rinnstein fallen lassen und nun sind alle verdorben. Ihr Vater schlägt sie, wenn sie kein Geld nach Hause bringt, und sie weint. Sie hat weder Schuh noch Strümpfe, und ihr kleiner Kopf ist unbedeckt. Reiß mir das andere Auge aus und gib es ihr, dann wird ihr Vater sie nicht schlagen.«

»Ich will noch eine Nacht bleiben«, sagte der Schwälberich, »aber das Auge kann ich dir nicht ausreißen. Du wärest sonst ganz blind.«

»Schwälberich, kleiner Vogel«, sagte der Prinz, »tu, wie ich dir befehle.«

Der Schwälberich pickte darum dem Prinzen das andere Auge aus und flog damit davon. Er stieß hinab zu dem Streichholzmädchen und ließ den Edelstein auf ihre Handfläche gleiten. »Was für eine hübsche Glasscherbe«, rief das kleine Mädchen und lief lachend nach Hause.

Darauf kehrte der Schwälberich zum Prinzen zurück.

»Nun bist du blind«, sagte er, »nun bleibe ich immer bei dir.«

»Nein, kleiner Schwälberich«, sagte der arme Prinz, »du mußt fort nach Ägypten.«

»Ich bleibe immer bei dir«, sagte der Schwälberich, und er schlief zu den Füßen des Prinzen.

Den ganzen folgenden Tag saß er auf der Schulter des Prinzen und erzählte ihm Geschichten von dem, was er in fremden Ländern gesehen hatte.
»Lieber kleiner Schwälberich«, sagte der Prinz, »du erzählst mir von wunderbaren Dingen. Fliege über meine Stadt, kleiner Schwälberich, und erzähle mir, was du gesehen hast.«
Und so flog der Schwälberich über die große Stadt und sah wie die Reichen in ihren schönen Häusern feierten, während die Bettler an den Toren saßen. Er flog in dunkle Gassen und sah die weißen Gesichter der hungrigen Kinder teilnahmslos auf die schwarzen Straßen hinausblicken.
Dann flog der Schwälberich zurück und erzählte dem Prinzen, was er gesehen hatte. »Ich bin ganz mit feinem Gold bedeckt«, sagte der Prinz. »Du mußt es Blatt um Blatt abnehmen und meinen Armen bringen. Die Lebenden glauben immer, daß Gold sie glücklich macht.«
Blatt um Blatt des feinen Goldes pickte der Schwälberich ab, bis der Glückliche Prinz ganz stumpf und grau aussah. Blatt um Blatt des feinen Goldes brachte er zu den Armen, und die Kinder bekamen rosige Gesichter und sie lachten und spielten in den Straßen.
»Jetzt haben wir Brot!« riefen sie.
Dann kam der Schnee, und nach dem Schnee kam der Frost. Dem armen Schwälberich wurde kälter und kälter, aber er wollte den Prinz nicht verlassen – er hatte ihn zu lieb. Er pickte Krumen auf vor des Bäckers Tür, wenn der Bäcker nicht hinsah, und schlug mit den Flügeln, um sich warm zu halten.
Endlich aber spürte er, daß er sterben mußte. Er hatte gerade noch die Kraft, dem Prinzen auf die Schulter zu fliegen.
»Leb wohl, lieber Prinz«, murmelte er. »Darf ich deine Hand küssen?«

»Ich freue mich, daß du endlich nach Ägypten gehst, kleiner Schwälberich«, sagte der Prinz. »Du bist schon zu lange hiergeblieben. Aber du mußt mich auf den Mund küssen, denn ich liebe dich.«
»Ich gehe nicht nach Ägypten«, sagte der Schwälberich. »Ich gehe in das Haus des Todes. Der Tod ist der Bruder des Schlafs, nicht wahr?«
Und er küßte den Glücklichen Prinzen auf den Mund und fiel tot zu seinen Füßen. Im selben Augenblick ertönte im Innern des Standbildes ein eigentümliches Krachen, als ob etwas zerbrochen wäre. Tatsächlich war das bleierne Herz geborsten. Es herrschte aber auch ein furchtbar harter Frost.
Am nächsten Morgen in der Früh ging der Bürgermeister in Begleitung der Stadträte über den Platz. Als sie an der Säule vorbeikamen, blickte er zum Standbild empor. »Meine Güte! Der Glückliche Prinz sieht ja ganz schäbig aus«, sagte er.
»Ganz schäbig in der Tat!« riefen die Stadträte, die stets dem Bürgermeister beipflichteten und traten näher.
»Der Rubin ist aus seinem Schwert gefallen, die Augen sind weg, und vergoldet ist er auch nicht mehr«, sagte der Bürgermeister. »Er sieht kaum besser als ein Bettler aus.«
»Kaum besser als ein Bettler«, sagten die Stadträte.
»Und da liegt wahrhaftig ein toter Vogel zu seinen Füßen!« fuhr der Bürgermeister fort.
Das Standbild des Glücklichen Prinzen wurde also abgerissen. Dann schmolzen sie das Standbild in einem Schachtofen ein.
»Merkwürdig«, sagte der Werkmeister in der Gießerei. »Dieses zerbrochene Bleiherz schmilzt nicht im Ofen. Wir müssen es wegwerfen.« So warfen sie es auf einen Abfallhaufen, auf dem auch der tote Schwälberich lag.

»Bring mir die zwei kostbarsten Dinge dieser Stadt«, sagte Gott zu einem seiner Engel; und der Engel brachte ihm das Bleiherz und den toten Vogel.
»Du hast recht gewählt«, sagte Gott. »Denn in meinem Paradiesgarten soll dieser kleine Vogel in alle Ewigkeit singen, und in meiner goldenen Stadt soll der Glückliche Prinz mich lobpreisen.«

Oscar Wilde

Lebendiges Wasser für alle

Ein Bauer pflanzte einen Bambus, und als der Bambus herangewachsen war, kam der Mann jeden Tag, um sich in seinem Schatten auszuruhen und mit ihm zu sprechen, und sie wurden Freunde.
Eines Tages kam er und sagte: »Ich brauche deine Blätter, gib sie mir, daß ich sie abschneide.« Nach einigem Zögern gab sie der Bambus her.
Am nächsten Tag kam er wieder und sagte: »Diesmal brauche ich deine Zweige, gib sie mir, daß ich sie abschneide.« Der Bambus war sehr traurig, aber er gab sie dennoch her.
Bald darauf kam der Mann wieder und sagte: »Ich brauche dich ganz. Erlaube mir, daß ich dich umhaue.« Der Bambus war entsetzt. Nach langem Kampf sagte er schließlich: »Du hast mich gepflanzt, du bist mein Vater.«
Der Bauer schlug die einzelnen Bambusrohre ab, zerkleinerte sie und legte sie hintereinander auf dem Boden zusammen. Dann leitete er Wasser durch sie, und der Bambus konnte viele andere Bäume mit Wasser versorgen.

Bischof de Jong (Zambia)

Es war einmal ein Fischer

Es war einmal ein Fischer, der wohnte allein in einem Häuschen am Meer. Viele Sommer und viele Winter hatte er erlebt. Jetzt war er alt. Sein Haar war weiß geworden und seine Haut runzelig.
Da kam es nun manchmal vor, daß er in der Abendsonne vor seinem Haus saß und sich Gedanken machte. In all den vielen Jahren seines Lebens hatte er gearbeitet. Tagtäglich war er hinausgefahren aufs Meer und hatte sein Netz ausgelegt.
Er hatte das Boot geschrubbt, das Haus gefegt und den Garten bestellt. Und in den Nächten war er wieder ausgefahren und hatte das Netz eingeholt.
Manchmal war es voll gewesen bis obenhin. Dann hatte er all seine Kraft gebraucht. Und zu Hause hatte er die Fische in einen Korb gelegt und sie zum Verkauf auf den Markt getragen.
Das alles hatte zu seinem Leben gehört wie die sonnigen Tage und die trüben. Wie die süßen, warmen Nächte, in denen der Mond am Himmel stand und die anderen, in denen der Sturm tobte und sein Boot so verloren schien wie ein Spielzeug in der Gewalt eines Riesen.
Der Fischer hatte es hingenommen, wie es kam, und es war ihm gut und richtig erschienen.
Nun aber, da er alt war, überkam ihn Unzufriedenheit. Ihm schien, als habe er etwas versäumt, etwas Wichtiges, Großes. Und er wußte nicht, was es war.
Er saß vor seinem Haus und wurde traurig, denn das, was er nicht kannte, fehlte ihm sehr.
Als er endlich aufstand, ging er umher wie im Traum. Die Möwen strichen über seinen Kopf hinweg, und er merkte es nicht.
Als die Nacht groß und dunkel war, stieg er in sein Boot und fuhr los, um das Netz einzuholen. Der Mond,

golden und rund, hob sich aus dem Wasser und folgte ihm.

Immer hat das Meer mir geschenkt, was ich brauchte, dachte der Fischer. Wenn mir geholfen werden soll, dann nur durch das Meer. Und er sang sein Lied.

»Ho – ja – hei«, sang er. »Hooo – ja – hei.«

Da schickte der Herrscher des Meeres hohe Wellen, die nahmen das Lied an und trugen es fort. Sogleich aber glättete sich das Wasser und wurde klar und durchsichtig wie nie zuvor.

Der Fischer erblickte sein Netz, und in seinem Netz war nur ein einziger Fisch. Er war ganz ruhig, und auch, als der Mann ihn zu sich ins Boot nahm, zappelte er nicht.

Er blickte den Fischer aus großen, dunklen Augen an wie ein denkendes Wesen. Und er war so schön, daß es dem Alten fast den Atem verschlug. Der Fisch hatte alle Farben dieser Erde. Er war weiß wie die Dünen am Strand und blau wie die Weite des Himmels. Grün war er wie der Garten am Haus, wenn es geregnet hatte, gelb wie die Sonne und rot wie Blut. Violett war er wie die Wölkchen am frühen Morgen, schwarz wie die mondlose Nacht und türkis wie das Meer. Rosa war er wie die schönsten Muscheln, braun wie die Erde, silbern wie die Flügel der Möwen im Licht und golden wie der Mond.

»Ich werde dich nicht töten«, sprach der Fischer. »Fürchte dich nicht.« Er nahm den Fisch mit sich nach Hause. Dort füllte er einen gläsernen Krug mit Wasser und tat den Fisch hinein.

Dann setzte er sich davor und blickte ihn an.

Es war die Schönheit, die mir gefehlt hat, dachte der Fischer. Nun, da ich sie gefunden habe, bin ich glücklich.

Tage vergingen. Der alte Mann fütterte den Fisch und sprach zu ihm. Und niemals konnte er sich sattsehen an seiner Schönheit.

Der Fisch aber wurde immer stiller. Er stand bewegungslos auf einer Stelle und blickte den Mann mit seinen großen, dunklen Augen an.
»Du bist traurig«, sagte endlich der Fischer.
Und da wurde auch ihm das Herz schwer. Drei Tage und drei Nächte saß er neben dem schönen Fisch, blickte ihn an und sang ihm sein Lied. Dann stand er auf und trug den Krug mit dem Fisch zum Meer.
»Ich hätte dich gerne behalten«, sagte der alte Mann, »denn du bist schöner als alles, was ich vorher sah. Aber du bist unglücklich in meinem Haus, und dein Blick rührt mein Herz an. Du machst, daß etwas in mir wächst, das neu für mich ist. Es ist ein Schmerz und eine Freude zugleich.«
Und damit gab er den Fisch ins Meer zurück. Als er in die Wellen eintauchte, lächelte der alte Fischer. Er begriff, daß es nicht die Schönheit war, nach der er sich gesehnt hatte, sondern die Liebe. Und er hatte die Liebe gefunden.
Von da an verbrachte er seine Tage glücklich und zufrieden, und wenn er nicht gestorben ist, dann lebt er noch heute.

Gina Ruck-Pauquèt

Die Andere

Ich glaube, das Mädchen ist dumm«, sagte Eva. »Schau bloß, Mutter, wie es dasteht!«
Im Nachbargarten stand ein Mädchen in der Sonne. Es mochte etwa in Evas Alter sein. Mit der Hand hielt es eine Rute gegen den Boden. Jetzt machte es einen unsicheren Schritt.
»Nein, Eva«, sagte die Mutter, »das Mädchen ist nicht dumm – das Mädchen ist blind.«
»Oh!« Eva war betroffen. Das war ja sehr traurig. Und für Eva war es ärgerlich. Sie hatte sich schon gefreut, ein Mädchen gleich in der Nachbarschaft zu haben, mit dem sie im Winter schifahren und im Sommer baden gehen konnte. Aber damit war es nun nichts; eine blinde Freundin ist so gut wie keine Freundin.
Vögel sangen, die Sonne schien. Es war Ostersonntag. Evas Eltern hatten mit ihr einen kleinen Ausflug hinaus an den Stadtrand zu ihrem neuen Haus gemacht. Der Neubau war schon im Herbst errichtet und überdacht worden. In sechs Wochen sollte der große Umzug sein.
Eva blieb im Garten. Ein leuchtend gelber Zitronenfalter kam vom Wald her. Er flog quer durch den Garten, dann über die Hecke und drüben an dem blinden Mädchen vorbei – die Arme merkte nichts von der kleinen gelben Pracht, die dicht an ihr vorübergaukelte.
Bald darauf kamen drüben zwei Jungen aus dem Haus gerannt, beide jünger als das Mädchen. Einer versuchte den andern zu kriegen. Als sie die Schwester stehen sahen, spielten sie Fangen um sie herum, und schließlich begannen sie, das hilflose Mädchen sich gegenseitig zuzustoßen.
Endlich erschien die Mutter. »Schämt euch!« rief sie den Jungen zu. »Nicht einmal heute an Ostern könnt ihr

Christine in Ruhe lassen!« Christine schien dem Weinen nahe gewesen zu sein, aber sie klagte nicht. »Mutter«, sagte sie, »blühen jetzt die Märzenbecher schon? Ich möchte so gern einen Märzenbecher sehen.«
Eva ging nachdenklich in den Neubau. »Das Mädchen da drüben heißt Christine«, berichtete sie. »Jetzt hat Christine gerade zu ihrer Mutter gesagt, sie möchte so gerne Märzenbecher sehen. Warum sagt sie das?« – »Blinde sagen oft so«, entgegnete der Vater. »Wenn sie sagen, sie haben etwas gesehen, dann meinen sie, sie haben es befühlt. Wenn man etwas mit den Fingern abgetastet hat, dann weiß man ja auch, wie das Ding aussieht. Und Blinde, die viel mehr auf das achten, was sie mit den Fingern befühlen, bekommen ein viel feineres Gefühl. Eva, willst du nicht mit Christine einen kleinen Gang in den Wald tun? Dort hinten, bei der Quelle am Hang, ist alles weiß von Märzenbechern.«
Christines Mutter war sehr erfreut, als sich Eva als neue Nachbarin vorstellte und Christine zu einem Spaziergang abholte. Eva erfuhr, daß Christine erst vor einem Jahr das Augenlicht verloren hatte. Sie hatte Krebs in den Augen gehabt, und man hatte erst das eine und bald darauf das andere Auge herausnehmen müssen. Jetzt waren Glasaugen eingesetzt.
»Zeig mir Bäume!« bat Christine, als sie durch den Wald gingen.
Zwei Stämme standen dicht beieinander. Eva legte Christines rechte Hand auf den einen und die linke Hand auf den andern Baum. »Eine Fichte! – Eine Tanne!« sagte Christine und strahlte.
»Die kenne ich nicht einmal so auseinander«, gestand Eva.
»Aber das sind doch ganz verschiedene Bäume! Schau, die Fichte hat über und über rundliche Schuppen, und die Tanne ist fast ganz glatt.«

»Ja, jetzt sehe ich es auch. – Und was ist das?«
»Eine Hainbuche.« – »Wirklich? Ich habe mir gedacht, es ist eine gewöhnliche Buche.«
»Nein, nein, so sehnig und mit einem solchen Gitterwerk von Wülsten, das kann nur eine Hainbuche sein.«
»Aber was ist das für ein Baum?« fragte Eva lachend und führte Christines Hand auf den Boden.
»Oh! Ein Buschwindröschen!« freute sich Christine.
Eva entdeckte etwas zwischen dem dürren Laub am Boden und gab es der andern. Es war ein Schneckenhaus, schwer und noch mit einem Kalkdeckel verschlossen.
Christines Finger gingen ein ums andre Mal den schönen Windungen nach, dann legte sie das Schneckenhaus wieder auf den Boden und deckte es ein wenig mit Laub zu.
»Du hast es ja verkehrt hingelegt«, meinte Eva. »Nein, die Haustüre muß oben sein«, erklärte Christine. »Durch den Deckel atmet die Schnecke.«
»Wer hat dir das alles gesagt?« – »Mein Vater. Er ist vor einem Jahr gestorben. Und im Mai war das dann mit meinen Augen.«
Eva erschrak. Wie Schweres hatte dieses Mädchen mit dem stillen Gesicht zu tragen! Und wie lächerlich waren dagegen ihre eigenen Sorgen! Tagelang konnte sie sich manchmal über kleine, alberne Dinge ärgern. –
»Christine«, sagte Eva, »wenn wir in unser Haus gezogen sind, dann gehe ich alle Tage mit dir spazieren. – Und dann mußt du mir vieles zeigen!«
»Ja!« sagte Christine glücklich. Jetzt war auch für sie Ostern geworden.

Josef Guggenmos

Was du teilen kannst

Wenn du klein bist,
den Apfel und das Brot.
Wenn du größer bist,
die Freude und die Not.

Dich selber?
Nie!
Aber die Liebe,
von der du lebst:
Weißt du wie?

Max Bolliger

Das Feld der Bruderliebe

Ein Vater ließ seinen zwei Söhnen ein Getreidefeld als Erbstück zurück. Sie teilten das Feld ehrlich unter sich. Der eine Sohn war reich und unverheiratet, der andere arm und mit Kindern gesegnet.
Einmal, zur Zeit der Getreideernte, lag der Reiche in der Nacht auf seinem Lager und sagte zu sich: »Ich bin reich, wozu brauche ich die Garben? Mein Bruder ist arm, und das einzige, was er für seine Familie braucht, sind die Garben.«
Er stand vom Bette auf, ging auf seinen Feldanteil, nahm eine ganze Menge von Garben und brachte sie auf das Feld seines Bruders.
In derselben Nacht dachte sein Bruder: »Mein Bruder hat keine Frau und keine Kinder. Das einzige, woran er Freude hat, ist sein Reichtum. Ich will ihn vermehren.«

Er stand von seinem Lager auf, ging auf seinen Feldanteil und brachte seine Garben auf das Feld seines Bruders.
Als beide in der Frühe ihr Feld besuchten, staunten sie darüber, daß das Getreide nicht weniger geworden war. Ihr Staunen nahm kein Ende.
Auch in den folgenden Nächten taten sie dasselbe. Jeder brachte seine Garben auf das Feld des anderen. Und da sie an jedem Morgen merkten, daß nichts weniger geworden war, waren sie davon überzeugt, daß der Himmel sie für ihre Güte beschenkt hatte.
Aber in einer Nacht geschah es, daß beide Brüder, die Hände voller Garben, sich auf ihrem Wege begegneten. Da erkannten sie, was geschehen war, sie fielen einander um den Hals und küßten sich. Da hörten sie eine Stimme vom Himmel: »Dieser Platz, auf dem sich so viel Bruderliebe offenbart hat, soll würdig sein, daß auf ihm mein Tempel errichtet werden soll – der Tempel der Bruderliebe.«
Und tatsächlich wählte König Salomo diesen Platz für den Tempelbau.

Märchen aus Israel

Ein Bettler für andere

Ein Geistlicher, der für seine Armen sammelte, ging in ein Gasthaus. Ein Herr, den er um eine Gabe bat – es war einer, der alles Kirchliche haßte – fuhr ihn zornig an: »Wie kommen Sie dazu, mich um Geld zu bitten?«, und spuckte ihm ins Gesicht. Der Geistliche zog ruhig sein Taschentuch, wischte das Gesicht ab und sagte: »Das war für mich. Nun geben Sie mir bitte noch etwas für meine Armen.« Dabei hielt er

ihm seinen Hut hin. Der Gast war von diesem Verhalten so überrascht und überwältigt, daß er seine Geldbörse zog und ihren ganzen Inhalt in den Hut des Bittenden leerte.
Der Bettler war Klemens Maria Hofbauer, der spätere »Apostel« von Wien und Heilige.

Klemens Tilmann

Heinrich

Der Heinrich war unwichtig, den sahen die anderen kaum. Wenn man Mick noch vor einiger Zeit gefragt hätte, wie der Heinrich aussieht – er hätte es nicht sagen können.
Das war jetzt anders. Weil er neben ihm saß. Mick war nicht begeistert davon, daß der Lehrer Heinrich neben ihn gesetzt hatte. Da saß er nun, kaute Fingernägel und hatte die Augen zu nah am Buch. Stinken tat er auch, nach ungewaschenen Kleidern.
Der Heinrich war ein bißchen kleiner als die anderen in der Klasse. Blond war er. Wenn man ihn ansprach, riß er die Augen auf, und es war, als ob er erstarre. Als ob er innerlich strammstehe, so war es.
Aber außer dem Lehrer sprach den sowieso keiner an. Die Hausaufgaben machte er einfach nicht. Nie hatte er die Hausaufgaben. Und im Aufsatz war er eine Niete. Vier, fünf Sätze brachte er aufs Papier, mehr nicht.
»Kann denn nicht einer mal dem Heinrich ein bißchen helfen?« sagte der Lehrer eines Tages. »Und wenn's ne halbe Stunde am Nachmittag wäre. Mit wem bist du denn befreundet?« fragte er.
Sie drehten sich alle nach dem Heinrich um. Der kaute Nägel. Schwieg. Damals saß er noch ganz hinten, allein an einem Tisch.

»Bring mal deine Sachen mit und komm her«, sagte der Lehrer.
Und dann sagte er, daß der Django sich nach hinten setzen solle. Und dafür kam nun der Heinrich neben den Mick.
»Es ist eine Sauerei!« sagte Mick in der Pause.
Der Django war einer seiner besten Freunde. Und außerdem schrieben sie voneinander ab.
»Warum hast du dann nichts gesagt?« fragte die Babs.
Mick wußte es selber nicht. Er hatte was sagen wollen. Protestieren hatte er wollen. Dann stand der Heinrich da so neben ihm, und Mick sah, daß ihm die Nase lief, und daß ihm das peinlich war. Daß er es verbergen wollte. Er hatte kein Taschentuch, machte sich mit der Hand an der Nase rum. In dem Moment hatte der Mick nichts gegen ihn machen können. Weil der Heinrich sowieso schon in Schwierigkeiten war.
So'n Blödsinn, dachte er jetzt. Bloß, weil dem im richtigen Moment die Nase läuft, sitzt der nun neben mir auf ewig!
Der Heinrich. Mit dem Namen war das auch so eine Sache. Der war der einzige, der seinen richtigen Namen trug. Da hatte keiner eine Abkürzung erfunden. Und einen Spitznamen schon gar nicht. Der hieß Heinrich. Basta. Da müßte er einen schon interessieren, wenn man ihn Henry nennen würde, oder Hein, oder sonstwie.
Nachmittags sahen sie ihn manchmal. Da kam er mit zwei Plastiktüten vom Supermarkt. Oder er hatte seine kleine Schwester an der Hand. Schaute kaum zu ihnen hin.
»Dem seine Mutter ist wieder abgehauen«, hatte Su mal gesagt. »Weil der Alte säuft.«
Su mußte es wissen. Sie wohnte im gleichen Häuserblock. Mick hatte es so nebenher aufgefangen. Er hatte sich nichts gedacht.

Mick dachte sich überhaupt nicht viel. Er war auch keiner von denen, die Bücher lasen. Er spielte lieber Fußball. Nur wenn sein Vater Zeit für ihn hatte und so richtig mit ihm redete, dann kamen ihm auch Gedanken. An seinem Geburtstag zum Beispiel, da hatte er fernsehen dürfen bis spät. Sie hatten eine Geschichte gezeigt von einem, den sie zu Unrecht verfolgten. Ein paar von denen, die früher seine Kumpel gewesen waren, hätten ihm schon helfen können. Aber sie halfen ihm nicht, weil sie sonst selber in Gefahr gekommen wären. Und der Junge war dann tot am Schluß.
»So ein Scheiß!« sagte Mick.
Im letzten Bild standen die Kumpel mit gesenkten Köpfen.
»Das denken die auch«, sagte der Vater. »Sie hätten halt was tun müssen.«
»Sie waren eigentlich nicht mehr seine Freunde«, sagte Mick. »Er ging sie nichts mehr an. Aber trotzdem«, sagte er. »Nicht wahr?«
»Trotzdem«, sagte der Vater, »weil er ein Mensch war. Alles, was einem Menschen geschieht, geht die anderen mit an.«
Es war selten, daß der Vater so mit Mick sprach. Meist war er nervös, wenn er von der Arbeit kam. Und oft ging er mit der Mutter abends noch aus.
Micks Mutter sagte solche Dinge nie. Aber sie war fröhlich und lachte mit ihm. Wenn er es wollte, gab sie ihm nichts als saure Gurken mit in die Schule. Obschon die keine Vitamine hatten und auch sonst nicht nahrhaft waren. Bloß, weil Mick sie gerne mochte.
Einmal hatte Mick aber Leberwurstbrote mit. Er packte sie wieder ein und beschloß, sie in den Papierkorb zu versenken, als ihm Heinrich einfiel. Mick hatte nie gesehen, daß Heinrich in der Pause etwas aß.
Ist ja auch kein Wunder, dachte er, wenn seine Mutter

abgehauen ist! Er überlegte, ob Heinrich wohl die Leberwurstbrote essen mochte. Aber Heinrich kam nicht. Der Platz neben Mick blieb leer.
Ein paar Tage später war das mit der Turnstunde. Daß der Mick den Heinrich ohne sein T-Shirt sah. Nur der Mick sah ihn. »Was hast du denn da?« fragte er.
Heinrichs Schultern waren voll schwarzer, blauer und grüner Flecke.
»Nichts«, sagte Heinrich.
Er würgte sich sein T-Shirt über, und sein Kopf kam hochrot wieder zum Vorschein.
»Mensch!« sagte Mick und blickte in die weit aufgerissenen Augen des anderen.
Irgendwas war dem Heinrich passiert. Aber in dem Augenblick rief Django, und Mick vergaß es. Später fiel es ihm wieder ein.

Später, das war an dem Tag, an dem er einen anderen Weg nach Hause nahm, um an der Baustelle in der Neubergerstraße ein bißchen zuzusehen. Der Bagger hob mit seinen Riesenkrallen die Erde aus.
Für den ist das ein Händchen voll Sand, was er da auf den Lastwagen rieseln läßt, dachte Mick. So ein Ding zu dirigieren, das muß ein duftes Gefühl sein.
Mick schloß die Augen und stellte es sich vor. Als er die Augen wieder aufmachte, sah er Heinrich. Heinrich war nicht in der Schule gewesen. »He!« sagte Mick, und trat zu ihm hin.
Der Heinrich machte einen Satz rückwärts, als sei Mick der Leibhaftige und wolle ihm an den Kragen.
»Was ist denn?« sagte Mick. »Hast wohl'n Heuhüpfer zum Frühstück gegessen!«
Dann sah er Heinrichs Gesicht.
»Was ist denn?« sagte er noch einmal, diesmal leiser.
Heinrichs Gesicht war um die Augen kreisrund dreck-

verschmiert. So sahen ganz kleine Kinder aus, wenn sie geweint hatten und sich mit schmutzigen Fäusten die Augen rieben.
»Wo kommst'n her?« fragte Mick.
Heinrich drückte seine Fingerspitzen gegen die Nase, die wieder zu tropfen begann wie damals.
»Vom Fluß«, sagte er. »Ich war auf einem Schiff. Seit gestern«, sagte er. »Ich wollte weg. Aber heut morgen haben sie mich entdeckt.«
»Du warst die ganze Nacht nicht daheim?« Mick starrte Heinrich an.
»Wenn ich komme, schlägt er mich tot«, sagte Heinrich.
»Ich muß heim wegen meiner Schwester«, sagte er dann.
»Aber wenn du mit dem Schiff weggefahren wärst . . .?« sagte Mick.

»Ich muß sie doch wieder in den Kindergarten bringen«, sagte Heinrich. »Wenn er mich erwischt, schlägt er mich tot.«
»Sag einfach, du warst bei mir«, fiel es Mick ein.
»Bei dir«, sagte Heinrich. »Ich sag, ich hab den Schlüssel verloren gehabt. Er ist ja abends sowieso nie da. Da bin ich zu dir. – Der schlägt mich trotzdem tot«, sagte er dann. »Der hört ja gar nicht erst hin.«
Mick biß wie verrückt auf seinem Kaugummi herum. Dann spuckte er ihn aus.
»Ich geh rein«, sagte er. »Du wartest draußen, und ich geh rein zu ihm.«
Jetzt starrte der Heinrich wieder so.
»Dich verprügelt er auch«, sagte er.
»Ich bin kräftiger als du«, sagte Mick.
Sein Hals war ganz trocken. Eigentlich mußte er ja auch heim. Aber jetzt konnte er nicht mehr zurück. Jetzt nicht mehr.

Als sie vor der Haustür standen, war Mick vor Furcht schwindelig.
»Bleib hier«, sagte er und schob Heinrich zurück.
Er fühlte die Schulterblätter des Jungen und erschrak, wie mager er war. Mick ging die Treppe hinauf. Er drückte auf die Klingel. Zeit verging, in der nichts war als sein pochendes Herz. Er starrte auf die braungestrichene Tür, bis die Kratzer in der Farbe vor seinen Augen verschwammen. Dann sah Mick überhaupt nichts mehr, sah nichts und hörte nichts, war blind und taub vor Angst, bis der Mann vor ihm stand.
Und auch den Mann roch er mehr, als er ihn mit Augen und Ohren wahrnahm. Roch den Alkoholmief, das schweißverklebte Hemd, roch die Ausdünstung der ungewaschenen Haut dieses aufgequollenen, kranken Gesichtes.

Mick redete. Er versuchte zu erklären, wie das gewesen war, warum Heinrich nicht heimgekommen war, die ganze Nacht nicht. Daß er bei ihm geschlafen hatte, sagte er.
Weiter kam er dann nicht mehr. Der Mann schlug ihm den Handrücken ins Gesicht, einmal, zweimal. Mick spürte, daß seine Lippe platzte. Dann wurde er die Treppe hinuntergestoßen.

Micks Vater war zum Mittagessen zu Hause.
»Mußtest du dich da einmischen?« fragte er.
Mick blickte ihn an.
Die Mutter legte ihm ein kühles, feuchtes Tuch auf sein Gesicht.
»Hast recht«, sagte der Vater.
»Wirst du ihm helfen?« fragte Mick.
Er konnte schlecht sprechen.
»Wo ist er?« fragte der Vater.
Heinrich hockte im Treppenhaus. Micks Vater öffnete die Tür und holte ihn herein.

Gina Ruck-Pauquèt

Gottes Friedensland

Wer hätte nicht lieber Frieden anstatt Streit? Viele Menschen möchten Frieden haben, nicht nur dort, wo die schrecklichen Kriege sind, sondern auch hier bei uns. Wir wünschen uns den Frieden. Wir sagen das auch jeden Sonntag im Gottesdienst: »Der Friede des Herrn sei mit euch! – Und auch mit dir!« Wir wissen, Gott schenkt uns seinen Frieden. Aber wir müssen ihn auch wirklich wollen und uns darum mühen. Das ist leicht gesagt. Dazu gehören wohl viele Dinge, von denen die Erzählungen einige nennen können: Da ist der schreckliche Wolf in der italienischen Stadt Gubbio, der ganz friedlich wird, als die Menschen ihm endlich geben, was er zum Leben braucht, und er sich nicht mehr gegen das Unrecht wehren muß.

Da sind auch die Kinder Pit und Eva, die »Wut im Bauch« haben, ganz schreckliche Wut. Sie sagen das auch, und das ist wichtig, daß sie diese Wut nicht hinunterschlucken und Bauchweh bekommen. Nein, sie tragen sie gemeinsam auf einen hohen Berg und reden darüber. Manchmal hilft auch ein Lied, großen Ärger loszuwerden. Die Wut wird immer blasser und der Bogen des Friedens immer leuchtender.

Dann gehört zum Frieden, daß wir lernen zuzugeben, wenn wir falsch gehandelt haben. Das gilt für Kinder und Erwachsene, und auch das ist gar nicht so einfach. Oft kommt buchstäblich der Stock des Stärkeren dazwischen, und der jagt den Frieden weit weg. Zum Frieden gehört auch, daß du und ich die Augen weit aufmachen und merken, wenn ein Kind wie Mustafa aus der Türkei verspottet oder einfach übersehen wird. Du wirst immer mehr Dinge entdecken und auch, wie wichtig es ist, am Frieden zu bauen.

Gottes Friedensland

Am Ende aller Tage wird der Berg Gottes alle Hügel überragen. Und die Menschen eilen herbei. Sie rufen sich zu: »Laßt uns auf den Berg Gottes steigen. Der Herr soll uns seine Wege zeigen. Auf seinen Pfaden des Friedens wollen wir gehen.«
Hoffentlich erkennen alle Menschen Gottes Friedenswunsch und schmieden ihre Schwerter zu Pflugscharen und ihre Lanzen zu friedlichen Werkzeugen. Dann wird kein Mensch mehr dem anderen Böses antun und kein Volk mehr gegen ein anderes kämpfen. Dann gibt es keinen Krieg mehr, keinen kleinen und keinen großen. Jeder kann ruhig in seinem Garten sitzen, ohne daß ihn einer aufschreckt.

Nach Micha 4,1–6

Gesang der Tiere

Vernehmt das Liedlein leise
vom Paradies,
wo es auf sanfte Weise
sich leben ließ.

Der Adler war der Taube gut,
der Löwe der Gazelle.
Es tanzte in der Wasserflut
der Hecht mit der Forelle.

Voll Freude war das Leben
und wunderbar.
Und keinen hat's gegeben,
der hungrig war.

Der Adler war der Taube gut,
der Löwe der Gazelle.
Es tanzte in der Wasserflut
der Hecht mit der Forelle.

Wir wollen darauf warten,
daß uns ein Tag
im Paradiesesgarten
versammeln mag.

Der Adler ist der Taube gut,
der Löwe der Gazelle.
Es tanzen in der Wasserflut
der Hecht und die Forelle.

James Krüss

Der Regenbogen - Noach

Noach war ein frommer Mann. Gott liebte ihn. In einer Nacht redete er zu Noach und sagte: »Baue einen Kasten von Tannenholz, dreihundert Ellen lang, fünfzig Ellen breit, dreißig Ellen hoch, drei Boden, einen unten, den andern in der Mitte, den dritten in der Höhe, oben ein Fenster und an der Seite die Tür und inwendig und auswendig mit Pech verpicht.«
Noach tat, was Gott ihm sagte. Er baute eine Arche, und seine drei Söhne, Sem, Ham und Jafet, halfen ihm dabei.
Als sie fertig waren, füllten sie die Arche mit Vorräten und machten Platz für die Tiere, für die wilden und zahmen, für die kleinen und großen, für die starken und schwachen, für die langsamen und schnellen, von jeder Art ein Paar. Auch das hatte Gott Noach befohlen.
Und als jedes Tier seinen Platz gefunden hatte, ging auch Noach in die Arche und mit ihm seine Frau, seine Söhne, die Frauen seiner Söhne und die Kinder seiner Söhne.
Die andern Menschen lachten über das, was Noach tat. Noach aber kümmerte sich nicht um ihren Spott. Gott war zornig über sie, doch sie lachten auch über ihn und fürchteten ihn nicht.
Als Noach, wohlversorgt, mit seiner Familie in der Arche war, fing es an zu regnen. Es regnete vierzig Tage und vierzig Nächte lang. Die Bäche schwollen zu Flüssen an, die Seen zu Meeren. Es regnete und regnete und regnete. Alle Wasser stiegen über die Ufer.
Die Menschen retteten sich auf die Hügel. Sie retteten sich auf die Berge. Doch das Wasser stieg und stieg. Es überflutete die Hügel, und es überflutete auch die Berge, und alles was Leben hatte, mußte sterben.
Noachs Arche aber, der Kasten aus Tannenholz, wurde mit dem Wasser in die Höhe getragen. Die Kinder, die

durch das Fenster schauten, sahen, wie die Hügel verschwanden, und dann sahen sie hundertfünfzig Tage lang nichts mehr als Wasser und Himmel.

Aber Gott hatte Noach und seine Familie nicht vergessen. Nach hundertfünfzig Tagen ließ er den Wind wehen, der die Wolken auseinandertrieb und dem Regen wehrte. Er ließ die Sonne scheinen, und das Wasser begann zu sinken. Die Bergspitzen tauchten wieder auf, und eines Tages landete die Arche auf einem Berg, der hieß Ararat.

Die Kinder wollten aussteigen, aber Noach öffnete erst nach vierzig Tagen das Fenster und ließ einen Raben fliegen. Doch der Rabe sah nichts als Wasser und kehrte in die Arche zurück.

Nach sieben Tagen öffnete Noach das Fenster wieder und ließ eine Taube fliegen. Doch auch die Taube kehrte in die Arche zurück.

Nach weiteren sieben Tagen ließ Noach die Taube zum zweitenmal fliegen. Die Taube kam erst am Abend wieder. Im Schnabel brachte sie das Blatt eines Ölbaumes mit.

Noach wartete noch einmal sieben Tage, und dann ließ er die Taube zum drittenmal fliegen. Sie kam nicht mehr zurück. Die Erde war wieder trocken, die Berge lagen da, die Hügel und auch die Täler. Die Bäche liefen in ihren Betten, und die Seen ruhten in ihren Mulden. Da verließ Noach mit seiner Familie und allen Tieren die Arche. Sie waren froh, als sie wieder die Erde unter den Füßen hatten. Noach dankte Gott. Gott hörte Noachs Dankgebet. Er sah aber auch die verwüstete Erde und hatte Erbarmen mit Noach und seiner Familie, seiner Frau, seinen drei Söhnen, den Frauen seiner Söhne, den Kindern seiner Söhne und allen Kindern dieser Kinder, die noch nicht geboren waren.

Er spannte einen Regenbogen über die Erde und sagte:

»Nie wieder soll eine Sintflut die Erde verderben. Für alle Zeiten soll es Saat und Ernte geben, Frost und Hitze, Sommer und Winter, Tag und Nacht. Der Regenbogen soll die Menschen für immer an dieses Versprechen erinnern.« *Max Bolliger*

Eine leuchtende Brücke

Heute hat die Mama geschimpft, weil Eva in ihrem Zimmer solchen Lärm macht, gerade jetzt, wo die Großmutter krank ist. Eva hat Wut im Bauch. Immer soll man leise sein. »Gehst du mit?« sagt sie zu Pit, »wir gehen irgendwohin, wo man Krach machen kann und wo keiner schimpft.«

Bei Pit im Haus haben sich die Leute auch aufgeregt. Bloß weil er Fußball im Treppenhaus gespielt hat. »Wir toben«, sagt Pit, »wir trampeln auf der Erde herum und schreien. Noch viel lauter schreien wir. Am allerlautesten.«

Der Häusling ist der richtige Platz zum Schreien, da wohnt keiner. Der Häusling ist ein Berg, nur zehn Minuten weit, mit Bänken und einem Trimm-dich-Pfad. Von da oben kann man über die ganze Stadt schauen.

Es fängt an zu regnen, aber nur ein bißchen. Sie klettern weiter. »Da unten ist die Schule«, sagt Eva, »man könnte jetzt in den Schornstein spucken.«

Sie sind oben. Zwei Frauen haben auf der Bank gesessen, sie rufen ihren Hund und gehen weiter. »Zuerst verschnaufen«, sagt Eva. Sie setzen sich unter die große Eiche, wo die Erde trockengeblieben ist. Jetzt scheint wieder die Sonne. Man kann ganz weit sehen. Häuser und Kirchen sieht man, den Bahnhof und das neue

Hochhaus vom Krankenhaus, auf dem sogar Hubschrauber landen können. Dahinter ist der Stadtwald und der Wildpark. Die Stadt liegt in der Kuhle, und ringsum sind Berge.
»Pit!« ruft Eva, »guck mal!« Am Himmel steht auf einmal ein Regenbogen. Über den dunkelgrünen Tannen fängt er an und geht wie eine Brücke über das ganze Tal bis zur anderen Seite. Eine leuchtende Brücke aus Grün und Blau und Orange und Violett und Gelb, und wie es glitzert und strahlt! Man möchte am liebsten obendrauf sitzen und herunterrutschen. Wo eben noch gar nichts war, ist plötzlich alles bunt und so schön, wie es bestimmt kein Mensch malen kann.
Die Kinder sitzen da und schauen, sie sind ganz still. Nur ein Flugzeug hört man und das Brausen unten von der Stadt.
Sie merken gar nicht, daß der Regenbogen immer blasser wird, immer dünner, nur über dem Tannenwald steht noch ein kleiner Farbtupfen, und dann ist er weg.
Pit steht auf. »Wir wollten doch schreien«, sagt er, «toben und schreien.«
»Egal«, sagt Eva. »Nächstes Mal.«

Rosemarie Harbert

Schlechte Laune

Ilse und Bernhard zanken sich.
Ilse sagt zu Bernhard: »Du bist doof!«
Bernhard sagt: »Und du bist eine Ziege!«
»Und du hast einen Vogel mit Brille!« sagt Ilse.
»Du bist ein dummes Kamel«, sagt Bernhard.
Großmutter Mull sitzt im Garten. Sie hört, wie die beiden sich zanken.
»Hört auf mit dem Streit«, sagt sie, »sonst geht es euch so wie dem Milchmann.«
»Was für einem Milchmann?« fragt Bernhard.
»Kennt ihr die Geschichte nicht?« fragt Großmutter Mull.
Ilse und Bernhard sagen nein.
»Dann hört mal zu«, sagt Großmutter Mull:
»Es waren einmal ein Milchmann und eine Milchfrau. Sie hatten auch einen Sohn, der hieß Emil. Und alle drei vertrugen sich gut. Eines Nachts hatte die Milchfrau schlecht geträumt. Als sie aufwachte, hatte sie ganz schlechte Laune. Sie ging in den Laden. Da sah sie, wie der Milchmann ein wenig Milch verschüttete. Sie schrie: ›Kannst du nicht besser aufpassen, du Tolpatsch! Und du willst Milchmann sein!‹
Nun hatte der Milchmann auch schlechte Laune.
Da machte die Ladentür ›klingelingeling‹, und die Lehrersfrau kam in den Laden. Sie sagte fröhlich: ›Guten Morgen!‹
›Morgen‹ brummte der Milchmann, denn er hatte ja schlechte Laune, dann bediente er die Lehrersfrau und sagte: ›Macht eine Mark zwanzig.‹
Die Lehrersfrau gab dem Milchmann einen Fünfzigmarkschein. Da brüllte der Milchmann: ›Ich bin doch kein Wechselautomat! Lieber trinke ich meine Milch allein.‹

Oh, wie sich die Lehrersfrau da aufregte. Ihr Hals war ganz rot, als sie den Laden verließ. Jetzt hatte sie auch schlechte Laune. Zu Hause saß der Lehrer am Frühstückstisch. Er wartete auf die Brötchen. Er war ein bißchen nervös und trommelte mit den Fingern auf die Tischplatte. Da zischte seine Frau ihn an: ›Hier ist doch kein Schützenfest, daß du dauernd trommeln mußt! Und du willst Lehrer sein!‹
Da war der Lehrer wütend. Er sprang auf und rannte in die Schule. Oh, was hatte er für schlechte Laune!
In der Klasse sitzen 30 Schulkinder. Eines der Kinder ist Emil, der Sohn des Milchmannes.
Die Kinder schreiben einen Aufsatz. Emil ist fast fertig. Da macht er einen dicken Tintenklecks. Als der Lehrer das sieht, donnert er los: ›Du Schmierfink, du Dreckspatz, du Unglücksr. . .!‹ Da klingelt es. Emil geht nach Hause. Er ist wütend. Emil hat eine Stinklaune.
Zu Hause begegnet er seiner Mutter, der Milchfrau. Die hat nun wieder gute Laune. Sie sagt zu Emil: ›Na, warst du auch schön artig? Hast du den Lehrer auch nicht geärgert?‹
Emil sieht seine Mutter an. Er schluckt einmal und noch einmal. Dann sagt Emil: ›Ich . . .‹«
Großmutter Mull hört auf zu erzählen.
»Erzähl weiter, Großmutter Mull«, sagt Bernhard.
»Ja«, sagt Großmutter Mull, »wie geht die Geschichte zu Ende.«
Und sie erzählt weiter:
»Emil schluckte seine schlechte Laune einfach hinunter.
Dann lachte er und sagte: ›Ich habe vielleicht einen Hunger!‹ Wie klug der Junge war! Wäre er nicht so klug gewesen, müßte meine Geschichte wieder von vorn beginnen.«

Günter Haubold

Kinder

Wir Kinder
mit der weißen Haut
sind nicht die einzigen Kinder auf der Erde

Wir Kinder
mit der schwarzen Haut
sind nicht die einzigen Kinder auf der Erde

Wir Kinder
mit der gelben Haut
sind nicht die einzigen Kinder auf der Erde

Wir Kinder
mit der roten Haut
sind nicht die einzigen Kinder auf der Erde

Wir sind alle gleich

Wenn Kinder mit roter Hautfarbe
und Kinder mit schwarzer Hautfarbe
und Kinder mit weißer Hautfarbe
und Kinder mit gelber Hautfarbe
zusammen spielen
dann streiten sie sich schon mal
um einen Ball eine Puppe oder wer erster ist
aber wir Kinder vertragen uns immer wieder

Wir Kinder
mit gelber roter weißer und schwarzer Hautfarbe
Auch wenn wir uns einmal streiten
wir vertragen uns immer wieder

Wir die Kinder auf der ganzen Welt

Rainer Schnurre

Der Wolf von Gubbio

Was ich jetzt erzähle, ist vor mehr als siebenhundert Jahren in Italien geschehen.

Damals gab es noch viele Wölfe. Die waren gewöhnlich nicht so schlimm, wie du vielleicht denkst. Die meisten fielen den Menschen höchstens im Winter an, wenn sie in Rudeln durch den Schnee irrten und vor Hunger ganz rasend geworden waren. Es gab aber auch gefährliche Wölfe.

Einer der schlimmsten hauste bei der Stadt Gubbio. In dem großen Walde, der dicht vor der Stadtmauer begann, trieb er sein Unwesen. Da mordete er nicht nur unter den Tieren, sondern stürzte sich auch auf jeden Menschen, dessen er ansichtig wurde. Und dieser Wolf war von so fürchterlicher Kraft und Wildheit, dem wurde der stärkste Mann nicht Herr. Dabei war er so schlau, daß es niemals gelang, ihn zu fangen.

Fast hätte man das Stadttor, von dem aus die Straße durch den Wald in die Ferne führte, zumauern können,

so selten mehr wagte sich hier jemand vor die Stadt. Und wenn doch Kaufleute durch den Wald mußten, dann ging ein Dutzend Männer nebenher, alle mit Spießen und blitzenden Schwertern, daß es aussah, als ziehe ein Haufen in den Krieg. Soviel Angst und Schrecken vermochte dieser eine Wolf den Menschen einzujagen. Wie ein Stein lag die Nähe des Ungeheuers auf allen Herzen.

Doch einmal kehrte wieder Freude in Gubbio ein. Ein Mann war in die Stadt gekommen. Von der anderen Seite her, nicht aus der Richtung des Waldes, war er in die Stadt getreten: ein unscheinbarer Mann, klein von Gestalt und armselig gekleidet. Niemand, der ihn so gehen sah, konnte etwas Besonderes an ihm finden. Doch wer in seine dunklen Augen blickte, sah ein heiliges Feuer darin leuchten.

Es war etwas Besonderes um diesen Menschen. Er brachte die Freude mit, wohin er kam.

Wie ging das nur zu? Die Menschen waren damals genauso aufs Geld aus wie heute, und jeder dachte, wenn er nur geschwind einen großen Haufen Geld hätte, dann wollte er schon glücklich sein. Da kam dieser Mann. Er konnte keinen um einen Groschen reicher machen, denn er besaß nichts als seine abgetragenen Kleider; er war ärmer als der ärmste Bettler. Und doch war es, als sei mit ihm die Sonne über Italien aufgegangen.

Franziskus, so hieß er, war der Sohn eines reichen Tuchhändlers in Assisi. Er hätte sich in kostbaren Kleidern auf ein herrliches Pferd setzen, er hätte in einem schönen Haus wohnen und großartige Feste geben können – aber er wählte die Armut.

Er hatte gesehen, wieviel Sorge und Streit in die Welt kommt, weil jeder mehr haben will als der andere und weil keiner genug kriegt. Als junger Mensch war er selbst mit in den Krieg gegen die Nachbarstadt Perugia gezogen. Doch dann ergriff ihn die Liebe zu dem allgegenwärtigen Gott. Da begann er, das Geld zu verachten wie Eselsmist, die Armut aber zu verehren wie einen kostbaren Schatz. Seit er nun gar nichts mehr besaß, war er frei. Auf allen Wegen konnte er an Gott denken. Und in allem ringsum den Schöpfer loben: in der Sonne, die uns leuchtet mit großem Glanz; im Mond und in den Sternen, die vom nächtlichen Himmel schimmern; in der Quelle, die ihr klares Wasser spendet; im Feuer, dem herrlichen, gewaltigen; in der Erde, die uns trägt und die nicht müde wird, uns vielerlei Früchte und bunte Blumen zu schenken.

Nun darfst du nicht denken, daß für Franziskus jetzt ein einfaches Leben begonnen hätte, so lustig in den Tag hinein. Arm sein, das ist eine bittere Sache, und Franz lernte jetzt den Hunger kennen und das Frieren, und die Menschen lachten ihn aus. Später freilich schauten sie ihn mit anderen Augen an.

Franz verlor in aller Entbehrung die Heiterkeit nicht. Als die Notleidenden das sahen, waren sie auch selber wieder getrost. Und die Reichen wurden nachdenklich. Waren die Schätze, die sie mit solcher Habgier zusammenrafften und um die sie miteinander Prozesse und wilde Kriege führten, wirklich so wichtig? An dem Poverello, dem kleinen Armen, wie man Franziskus nannte, erlebten sie, daß es eine Freude gibt, die man für kein Geld der Welt kaufen kann, ja, die das Geld eher nur vertreibt: die echte Freude, die aus der Verbindung mit Gott kommt. Da wurden sie versöhnlicher und gaben lieber denen, die im Elend zugrunde gingen. Alle gewannen Franziskus lieb, der nicht das Allergeringste für sich selber wollte und froh und arm als ein Heiliger unter ihnen lebte.

Schon gleich beim Eintreten in die Stadt sah Franziskus den Leuten von Gubbio ihren Kummer an. Er brauchte nicht lange zu fragen. Kinder kamen zu ihm gelaufen, denen hatte der Wolf den Vater, andere, denen hatte er die Mutter gefressen. Eltern klagten ihm ihr Leid, denen hatte der Wolf einen Knaben oder ein Mädchen geraubt. Allen kamen die Tränen wieder, als sie erzählten, und Franziskus weinte mit ihnen.

Da sagte der kleine Arme: »Ich will hinausgehen und mit Bruder Wolf reden.«

Fassungslos schauten ihn die Leute an. Sie wußten, Franziskus nannte alle Tiere seine Brüder, und die Tiere hatten keine Furcht vor ihm, denn sie spürten die große Liebe, die er zu ihnen trug. Es war sogar vorgekommen, daß sich die Vögel von den Bäumen und weither aus der Luft versammelten, als er zu ihnen von der Güte Gottes sprach. Doch der Wolf, der wilde, grausame Wolf, das war kein Vögelein! Wenn man dem nur mit Äxten und Spießen kommen könnte – für sanfte Worte hatte der gewiß kein Ohr!

Ehe die Leute das Ungeheuerliche noch recht begriffen hatten, ging Franziskus schon aus der Stadt, hinaus zu den Wiesen und Feldern, auf die sich schon lange niemand mehr gewagt hatte.

Ruhigen Schrittes, nicht langsamer und nicht schneller als sonst, wanderte der zierliche, armselig gekleidete Mann dem gefürchteten Walde zu: ohne Säbel, ohne Prügel, mit leeren Händen.

Die Kunde war wie ein Lauffeuer durch die Stadt gegangen. Ganz Gubbio drängte sich auf der Stadtmauer.

»Wir hätten ihn nicht gehen lassen dürfen!« riefen einige und dann immer mehr, je näher er dem Walde kam. »Er kommt gewiß nicht mehr zurück. Ruft ihn doch, er soll umkehren, unser lieber armer Franz!« Jedem war, als ginge sein eigener Bruder einer furchtbaren Gefahr entgegen.

Und dann lief ein einziger Schrei den Wehrgang entlang:

Da kam er aus den Büschen gesprungen, den Rachen aufgerissen, das Fell gesträubt – der große, schreckliche Wolf!
Die Frauen und auch viele Männer wandten sich ab, um nicht das Unglück mitansehen zu müssen. Doch als sie dann auf die erstaunten Ausrufe der anderen wieder hinauszuschauen wagten, trauten sie ihren Augen nicht. Da stand der unbesiegbare Wolf mit gesenktem Haupt vor dem kleinen Armen, der die Hand hob und ernsthaft auf ihn einredete. Schließlich nickte der Wolf mit dem Kopf, legte ihm bekräftigend seine Tatze in die Hand, und dann kamen sie, der Wolf neben dem Heiligen, zur Stadt her.
Auf dem Marktplatz von Gubbio versammelte sich das ganze Volk um die beiden. Allen war wie im Traum, daß der so lange gefürchtete Wolf heute wie ein Lamm in ihrer Mitte stand.
»Hört, meine Brüder und Schwestern«, sagte Franziskus, »Bruder Wolf, der da vor euch steht, hat fest versprochen, Friede mit euch zu machen und niemandem mehr ein Leid zuzufügen, wenn ihr ihm jeden Tag das gebt, was er zum Leben braucht. Ich selbst verbürge mich für ihn, daß er treu den Frieden halten wird.«
Von nun an lebte der Wolf in Gubbio. Die Leute gaben ihm freundlich sein Fressen. Er aber ließ die Kinder mit sich spielen, und nie mehr tat er jemand ein Leid. Sonst knurren die Hunde schon, wenn sie von ferne einen Wolf wittern, gegen ihn aber bellten sie nie.
Nach zwei Jahren starb der Wolf an Altersschwäche. Da begruben ihn die Bürger von Gubbio und waren sehr traurig; denn sooft sie den Wolf durch die Straßen gehen oder in ihre Häuser kommen sahen, hatte er sie an Franz von Assisi erinnert, an seine Heiligkeit und seine große Liebe zu allen Geschöpfen.

Josef Guggenmos

Ein Stein

Der neunjährige Peter war allein zu Haus. Seine Mutter verkaufte beim Händler Merwald, seitdem der Vater nicht mehr bei ihnen wohnte. Die Eltern hatten sich in den letzten Jahren ständig gestritten. Einmal waren sie sich nicht einig, in welchen Urlaubsort sie fahren wollten. Ein andermal hatte der Vater gebrüllt, daß die Mutter alles Geld für Kinkerlitzchen verbrauche. Nicht einmal ein Bier wäre zu Hause und keine Zigaretten. Die Mutter warf voller Wut eine Streichholzschachtel nach dem Vater. Diese Schachtel wurde vom Vater aufgefangen und zurückgeworfen und prallte gegen die ockerfarbene Tapete. Die Streichhölzer flogen quer durch den Raum, blieben auf dem hellgrünen Sofa liegen und waren über die beiden Sessel und den hellen Teppichboden verstreut. Während die Eltern weiter stritten, wo das Monatsgehalt des Vaters geblieben sei und was beim Einkauf notwendig wäre und was überflüssig, kroch Peter im Zimmer umher und sammelte die Streichhölzer ein. Er legte sie in die Schachtel zurück und verschloß die Schachtel. Da die Eltern ihn nicht weiter beachteten, sondern heftig aufeinander einredeten, steckte Peter die Streichholzschachtel in seine Hosentasche. Der Vater zog schon am nächsten Tag aus der Wohnung. »Er soll zu seiner Freundin gehen«, hatte die Mutter zu Peter gesagt. »Wenn er uns nicht mehr mag, soll er wegbleiben.« Der Vater gab Peter am Morgen nach dem Frühstück einen Kuß auf die Stirn. Peter lebte jetzt seit zwei Wochen mit seiner Mutter allein. Und nun ging seine Mutter auch noch arbeiten.

Sie hatte einen Platz für ihn, an dem er sich nachmittags nach der Schule aufhalten sollte, aber er fühlte sich dort nicht wohl. Heute hatte er geschwänzt und war gleich nach der Schule in die Wohnung gegangen. Da saß er,

niemand sprach mit ihm. Er dachte an seinen Vater. Warum war er weggegangen? Mochte er seinen Peter nicht mehr? Irgendwann fiel es Peter ein, daß er die Streichhölzer unter seinem Bett versteckt hatte. Er suchte sie hervor und wollte sehen, wie die Hölzer brannten. Er schichtete in der Küche Papier übereinander und zündete in der Küche ein kleines Lagerfeuer an. Irgendwann legte er, aus seinem Baukasten, Holzstäbe über das brennende Papier. Das Feuer loderte heller. Plötzlich, als hätte eine Hand das Lichtspiel hochgerissen, wurde Peter aus seinen Träumen geschreckt, denn minutenlang hatte er in das Lagerfeuer gestarrt und von Indianern und Büffeln geträumt, vom Präriegras und den wilden Pferden. Er sprang hoch. Die Küchengardine brannte. Peter klopfte wild auf den dünnen Stoff. Die angesengelte Gardine glimmte nur noch. Er füllte Wasser in einen Kochtopf und goß es über die untere Hälfte der Gardine. Er war glücklich. Der Schaden war behoben. Aber wie sah die Küche jetzt aus? Die Gardine war angesengelt. Eine Pfütze stand in der Küche. Die Reste des Lagerfeuers glimmten noch. Peter versuchte die Spuren seines Zimmerfeuers zu verwischen. Die Streichhölzer legte er auf den Couchtisch, als hätten sie niemals ihren Platz verlassen. Aber trotz aller Mühen blieben die Zeichen seines Abenteuers sichtbar.
Als abends die Mutter von der Arbeit kam, schnüffelte sie im Flur. »Wie riecht es hier?« sagte sie und sah Peter fragend an. Peter sagte, daß er der Mutter Essen machen wollte. Dabei seien die Kartoffeln angebrannt. Die Mutter ging in die Küche. Sie schrie auf. »Auch das noch«, jammerte sie. »Wie konntest du mir das antun?« Peter zitterte. »Erst dein Vater, dann du«, sagte die Mutter. »Ihr trampelt auf mir herum.«
Die Mutter setzte sich erschöpft in den Sessel und legte die Hände vor ihr Gesicht. Nach einigen Minuten

Schweigen sagte sie: »Ich habe dich zwar noch nie geschlagen, aber heute muß ich es tun. Du forderst mich dazu auf. Hole einen Stock aus dem Vorgarten des Häuserblocks. Von den Sträuchern. Mit dem Stock, den du aussuchst, werde ich dich verprügeln.« Peter ging in den Vorgarten. Er suchte lange. Er streichelte die Sträucher. Schließlich bückte er sich und grub einen faustgroßen Stein aus, der in der Erde verborgen war. Peter ging in das Wohnhaus und klingelte im zweiten Stockwerk. Als seine Mutter die Tür öffnete, sah er sie stumm an. Nach einer Weile sagte er: »Ich habe keinen Stock gefunden. Aber hier ist ein Stein.« Da fing die Mutter an zu schluchzen, denn sie fühlte plötzlich, daß Peter gedacht haben mußte: »Meine Mutter will mir wirklich wehtun. Und das kann sie ja auch mit einem Stein.« Die Mutter nahm Peter in ihre Arme. Ihr Kopf lag schwer auf seinem Kopf. Er spürte das warme Gesicht auf seinem Haar. Mit einem Ruck zog er sich aus ihrer Umarmung. Er beugte sich über seine Schultasche und suchte einen Farbkasten hervor, mit dem er in die Küche lief. Dort bemalte er sorgfältig, genau und geduldig den grauen Stein, der allmählich wie hellblaues Wasser schimmerte. Nach einigen Minuten sagte Peter befriedigt zu seiner Mutter, daß der Stein nun eine Wolke sei. Er strahlte die Mutter an. Wenn es wieder Streit zwischen ihnen gäbe, dann müßten sie nur auf den Stein sehen und daran denken, daß sich dieser harte Stein in eine Wolke verwandeln kann, die friedlich durch die Wohnung schwebt. Peter legte den Stein in das oberste Küchenbord, wo er aussieht wie eine Wolke am Himmel.

Thomas Ayck

Niki und der türkische Junge

Seit seinem ersten Schultag hatte Niki mit Thomas und Jürgen an einem Tisch gesessen. Die drei vertrugen sich fast immer. Nur manchmal, wenn Jürgen sich zu breit machte oder Niki seinen Ranzen auf den Platz von Thomas schmiß, gab es Ärger. Aber das dauerte nie lange.

Jürgen war meistens laut und lustig und dachte sich immer neuen Unsinn aus. Deshalb wunderte sich Niki, als er eines Tages mit traurigem Gesicht in die Schule kam und kein Wort sagte.

»Hast du was?« erkundigte sich Niki.

»Wir ziehen um«, murmelte Jürgen.

»Wir sind auch schon mal umgezogen«, sagte Niki. »Es ist gar nicht so schlimm.«

»Bei uns ist es schlimm«, sagte Jürgen. »Wir ziehen nach Brasilien.« »Brasilien?« fragte Niki. »Wo ist denn das?«

»In Südamerika. Ganz weit weg. Mein Vater soll dort arbeiten.

Die Leute in Brasilien sprechen bloß portugiesisch. Keiner versteht mich, und ich verstehe keinen. Dort kriege ich bestimmt keinen Freund.«

Er weinte fast, so unglücklich war er. Niki und Thomas sahen ihn mitleidig an. In ein fremdes Land mit lauter fremden Menschen zu kommen, das mußte schrecklich sein.

Jürgen blieb nur noch ein paar Wochen in der Schule. Traurig sagte er allen auf Wiedersehen und kam nicht wieder.

Drei Tage saßen Niki und Thomas allein an ihrem Tisch. Dannn brachte die Lehrerin einen neuen Jungen mit in die Klasse.

»Das ist Mustafa«, sagte sie. »Wißt ihr, wo er her-

kommt? Aus der Türkei! Er spricht noch nicht viel deutsch, aber das lernt er sicher bald.«
»Mustafa«, kicherten die Kinder. »Mustafa«. So einen komischen Namen hatten sie noch nie gehört. Das ist ja ein Pferdename! dachte Niki. Neugierig sah er den fremden Jungen an. Er hatte schwarze Haare, schwarze Augen, und seine Haut war viel dunkler als die der anderen. Ein richtiger Fremder.
»Mustafa kann sich auf Jürgens Platz setzen«, sagte die Lehrerin. »Das paßt gut. Jürgen geht es in Brasilien genauso wie hier dem Mustafa. Er versteht die Sprache nicht und ist vielleicht der einzige blonde Junge zwischen lauter dunklen. Womöglich lachen die brasilianischen Kinder sogar über seinen Namen, weil er für ihre Ohren komisch klingt. Niki und Thomas, ihr wart doch Jürgens Freunde. Helft Mustafa ein bißchen, daß er sich bei uns einlebt.«
Der fremde Junge setzte sich auf Jürgens Stuhl. Er legte die Hände übereinander und starrte auf die Tischplatte. Er sah nicht nach rechts noch nach links, nur auf den Tisch.
»Du, ich glaube, der ist blöd«, flüsterte Niki Thomas zu.
Thomas nickte. »Mit dem spielen wir nicht«, flüsterte er zurück und zog seinen Stuhl ein Stück von Mustafa fort.
Niki und Thomas waren nicht die einzigen, denen Mustafa aus der Türkei komisch vorkam. Die ganze Klasse machte einen Bogen um ihn. Helmut, der das größte Mundwerk von allen hatte, nannte ihn sogar »Knoblauchfresser«. Dieses Wort verstand Mustafa zwar nicht, aber er begriff, daß es nichts Gutes bedeutete. Er wich den anderen aus, wo er nur konnte. In den Pausen stand er am Zaun und sah zu, wie sie Fangen oder Reiterkampf spielten, und in den Stunden tat er nur

selten den Mund auf. Denn kaum sagte er etwas in seinem falschen Deutsch, fingen alle an zu lachen. Dann setzte sich Mustafa schnell wieder hin, legte die Hände übereinander und starrte auf die Tischplatte.
»Seid doch nicht so dumm«, schimpfte die Lehrerin. »Könnt ihr etwa irgendeine fremde Sprache sprechen? Niki, kannst du türkisch?« Niki schüttelte den Kopf.
»Na also«, sagte die Lehrerin. »Denk doch an Jürgen. Möchtest du, daß man in Brasilien über ihn lacht?«
Nein, das wollte Niki auf keinen Fall. Aber um Mustafa wollte er sich auch nicht kümmern. Es ärgerte ihn, daß ausgerechnet er neben dem fremden Jungen sitzen mußte, der immer nur auf die Tischplatte starrte.

Eines Tages brachte Niki seinen neuen Ball mit in die Schule.
Der Ball war so winzig, daß er in der Hosentasche Platz hatte, aber er sprang viel höher als jeder andere. In der Pause ließ Niki ihn auf dem Schulhof springen, und fast die ganze Klasse sah zu. »Jetzt bis zum ersten Stock!« rief Niki und schmetterte den Ball aufs Pflaster. Der sprang in die Luft, hoch, höher – und weg war er. Irgendwo beim Zaun mußte er heruntergekommen sein. Niki rannte los, um ihn zu suchen. Den Ball fand er nicht, doch er sah Mustafa. Mustafa lehnte am Zaun. Er hatte beide Hände vor den Mund gelegt, und durch seine Finger hindurch kamen seltsame Töne. Mustafa blies auf einem Grashalm, so hell und so lange, wie Niki es noch nie gehört hatte.
Niki blieb stehen. »Toll!« sagte er. »Toll, wie du das kannst.«
Mustafa nahm die Hände vom Mund. Er starrte Niki an. Dann lachte er. Niki sah ihn zum ersten Mal lachen.
»Mach das noch mal«, sagte Niki und zeigte auf den Grashalm.

Mustafa legte wieder die Hände vor den Mund und ließ einen langen, hohen Ton erklingen.
»Wie machst du das bloß?« wunderte sich Niki. »Komm, bring es mir bei.« Er riß einen Grashalm ab und tippte mit dem Zeigefinger auf seine Brust. »Ich«, sagte er, »Lernen.«
Mustafa nickte. Er zeigte Niki, wie er den Grashalm zwischen die Finger legen, wie er ihn vor die Lippen halten, wie er blasen mußte. Niki brachte keinen Ton heraus, höchstens einen Piepser. Mustafa lachte, Niki lachte auch, und weil die Pause gerade zu Ende war, gingen sie zusammen in die Klasse zurück.
»Du, der Mustafa kann toll auf einem Grashalm blasen«, erzählte Niki seinem Freund Thomas. »Das muß er dir zeigen.«
Aber Mustafa konnte nicht nur auf einem Grashalm blasen, er konnte noch etwas viel Besseres: Vogelstimmen nachahmen, Stare, Rotkehlchen, Amseln! Nach der Schule machte er es Thomas und Niki vor. Staunend hörten sie zu. »Weiter«, sagten sie, wenn er aufhören wollte, »weiter«. Thomas ging nach einer Weile. Aber Niki wollte immer noch mehr hören. Er kam viel zu spät nach Hause und mußte kalte Eierkuchen essen. Am nächsten Tag nahm er Mustafa mit auf den Schulhof zum Fangenspielen.
»Was, der blöde Knoblauchfresser soll mitmachen?« rief Helmut. »Hau bloß mit dem ab.«
»Selber blöde«, gab Niki zurück. Der Mustafa ist in Ordnung, der kann ...« Weiter kam er nicht. Mit angewinkelten Armen und vorgestrecktem Kopf stürzte Helmut auf ihn zu. Er wollte kämpfen, und mit Helmut kämpfen war keine Kleinigkeit. Helmut war der Stärkere. Er kannte viel mehr Tricks, und bestimmt hätte er Niki zu Boden geworfen. Doch da fing Mustafa an zu flöten. Er flötete wie eine Nachtigall, und obwohl es

leise war, drang es durch den Pausenlärm hindurch. Die Kinder, die um Helmut und Niki herumstanden, horchten auf. Sogar Helmut vergaß, daß er raufen wollte. »Mustafa kann noch mehr«, keuchte Niki. »Meisen, Stare, alles! Ich hab doch gesagt, er ist in Ordnung.« Mustafa pfiff weiter. Es klang so echt, daß ein Lehrer

stehenblieb. »Wer hat denn hier einen Vogel?« fragte er. Die Kinder lachten, und der Lehrer wurde wütend. Alles wegen Mustafa!
Von da an war der Junge aus der Türkei kein Fremder mehr in der Klasse. Höchstens Helmut und ein paar seiner Freunde kicherten noch über sein schlechtes Deutsch. Aber Mustafa machte von Tag zu Tag weniger Fehler. Denn er starrte nicht mehr schweigend auf die Tischplatte, sondern redete mit den Kinder. Jeder wollte von ihm lernen, wie eine Meise oder eine Nachtigall zu flöten.
Niki war froh, daß er neben ihm saß und immer als erster an die Reihe kam.

Irina Korschunow

Für Frieden – in Afrika

Tim guckt in die Zeitung. Da ist ein Bild. Auf dem liegt ein Schwarzer. Der ist tot. Den hat einer erschossen. Ist das nicht gemein? Dort ist Krieg.
»Wenn ich groß bin«, sagt Timmi, »dann helf ich den Schwarzen. Ich kauf mir ein Auto und fahre damit nach Amerika.«
»Aha«, grinst Markus. »Und wie willst du mit dem Auto durch das Meer kommen?«
»Was für ein Meer denn?«
»Na, da ist doch ein Riesen-Meer zwischen Amerika und dem Land, in dem wir wohnen!«
»Du bist gemein! Ewig mußt du mir alles verderben.«
»Kann ich was dafür, daß das Wasser zwischen Amerika und uns ist? Warum fährst du nicht lieber nach Afrika?«

»Afrika, Afrika? Heißt das so? Mensch, Markus, das ist ja das Land, wo ich hin will: Das Land, wo die Schwarzen wohnen. Ich hatte bloß das Wort vergessen.«
»Nach Afrika willst du? Hm, da fällt mir was ein: Dahin kommt man auch nicht mit dem Auto durch. Da ist wieder irgendwo Wasser dazwischen.«
»Ach, so'n bißchen Wasser macht meinem Auto bestimmt nichts.«
»Hast du 'ne Ahnung! Das ist zehn Meter tief. Oder hundert. Da bist du nach zehn Minuten versoffen.«
»Jetzt lügst du. Das seh ich. Da ist gar kein Wasser. Du willst bloß nicht, daß ich nach Afrika durchkomm.«
»Aber wenn da doch nun mal eben ein Meer ist?«
»Sag, daß keins ist!«
»Ih, wo werd' ich . . .«
»Wenn du jetzt nicht sofort sagst, daß da kein Wasser ist, dann . . .«
»Na?«
»Dann . . . dann tret' ich dir dein neugebasteltes Flugzeug kaputt!«
»Untersteh dich!«
»Natürlich ist da Wasser.«
Krrr . . . rack . . .
»Maami! Timmi hat mir mein Flugzeug zerbrochen. Mit Absicht!«
»Aber Timmi! Warum hast du das getan?«
»Er wollte mich nicht nach Afrika lassen.«
»Was willst du denn da?«
»Den Leuten sagen, sie sollen keinen Krieg mehr machen.«
»Oh, Timmi!« ruft Mutter und schaut auf die Scherben:
»In Afrika ist das nicht leichter als hier!«

Friderun Krautwurm

Friede

»Bloß keinen Zank und keinen Streit!«
Das heißt auf englisch ganz einfach
PEACE
und auf französisch
PAIX
und auf russisch
MIR
und auf hebräisch
SHALOM
und auf deutsch
FRIEDE
oder
»Du, komm, laß uns
zusammen spielen,
zusammen sprechen,
zusammen singen,
zusammen essen,
zusammen trinken
und zusammen
leben,
damit wir
leben.«

Josef Reding

Kommt alle zum Fest

Bei einem Fest muß jeder mitmachen. Sonst wird es gar kein richtiges Fest – da wirst du mir sicher zustimmen. Drückeberger oder Meckerer, die denken »Ach, sollen die anderen doch alles machen, warum gerade ich, Hauptsache der Kuchen schmeckt«, ja die verderben ein Fest. Und derjenige, dem eigentlich egal ist, wer oder was gefeiert wird, der verdirbt das Fest auch. Sie sind wie die Gäste, die Wein zum Fest mitbringen sollten, aber nur Wasser in ihren Krügen hatten, so daß es gar kein richtiges Fest werden konnte. Sich auf ein Fest freuen, das die vielen Alltage heller macht, es vorbereiten helfen und gemeinsam feiern – das macht alles fröhlicher. Gemeinsam essen und trinken, erzählen und singen, spielen und tanzen, wer wollte nicht mit dabei sein! Kummer und Sorgen sind plötzlich verschwunden. Die da zusammen feiern, spüren, daß sie wirklich zusammengehören. Meinst du nicht auch, wer die Zeit und die Lust zum Feiern nicht mehr findet, wird so arm wie die Leute in der Stadt des Guslispielers Sadko.

Auch Jesus erzählte einmal eine Geschichte von Menschen, die nicht zu einem Fest kommen wollten, und wie das Fest dann doch gefeiert wurde. Denn Jesus wußte: Wir alle, Groß und Klein, haben Grund zu feiern, weil Gott uns liebt. Da ist niemand ausgenommen. Aber sind wir nicht oft wie die Menschen in der Erzählung von Jesus bis über beide Ohren so mit unseren Sachen beschäftigt, daß wir gar keine Lust zum Feiern haben und auch die Einladung Jesu überhören? Aber das Fest findet statt, so erzählte Jesus weiter.

Schenken und Beschenktwerden machen ein Fest besonders schön. Da wird mir sicher niemand widersprechen. Dabei kann man so erfinderisch sein wie das kleine

Indianermädchen Tschi-Wi oder die Familie von Renate. Solche Geschenke der Liebe machen etwas spürbar von der Liebe Gottes zu den Menschen. Das meinte auch Jesus, wenn er so oft mit den Menschen feierte, besonders bei seinem Abschiedsmahl, als er mit seinen Freunden zusammensaß und ihnen das »Brot des Lebens« schenkte.

Kommt nun alle zum Fest

Als Jesus einmal zum Essen eingeladen war, erzählte er dort den Gästen die Geschichte von einem Festmahl:
Ein Mann bereitete einmal ein großes Fest und lud viele dazu ein. Als das Fest beginnen sollte, schickte er seinen Diener zu den Gästen, die er eingeladen hatte. Er sollte ihnen sagen: »Kommt nun zum Fest, alles ist bereitet!« Aber einer nach dem anderen wollte nicht kommen und ließ sich entschuldigen. Der erste sagte: »Ich habe einen Acker gekauft und muß jetzt gehen und ihn mir anschauen. Bitte, entschuldige mich bei deinem Herrn.« Ein anderer sagte: »Ich habe neue Ochsen gekauft, die muß ich erst begutachten. Bitte, entschuldige mich!« Wieder ein anderer meinte: »Ich habe gerade geheiratet, da kann ich natürlich nicht kommen!«
Der Diener eilte zu seinem Herrn zurück, um ihm das alles zu berichten. Da wurde der Herr zornig und sagte zu seinem Diener: »Geh schnell hinaus auf die Straßen und Gassen der Stadt und lade alle ein, auch die Armen und Krüppel, damit mein Haus voll wird.«
So geschah es dann. Und das festliche Haus wurde voll mit Gästen.

Nach Lukas 14,15–24

Das Fest hat nicht stattgefunden

Irgendwo sollte eine Hochzeit gefeiert werden. Die Brautleute hatten nicht viel Geld, aber dennoch waren sie der Meinung, daß viele Menschen mitfeiern sollten. Geteilte Freude ist doppelte Freude, dachten sie. Es sollte ein großes Fest werden, beschlossen sie, mit vielen Gästen.
Denn warum sollte unsere Freude nicht ansteckend sein? fragten sie sich. Es herrscht unter den Menschen ohnehin mehr Leid als Freude. Also baten sie die Eingeladenen, je eine Flasche Wein mitzubringen. Am Eingang würde ein großes Faß stehen, in das sie ihren Wein gießen könnten; und so sollte jeder die Gabe des anderen trinken und jeder mit jedem froh und ausgelassen sein.
Als nun das Fest eröffnet wurde, liefen die Kellner zu dem großen Faß und schöpften mit großen Löffeln daraus. Doch wie groß war das Erschrecken aller, als sie merkten, daß es Wasser war. Versteinert saßen oder standen sie da, als ihnen allen bewußt wurde, daß eben jeder gedacht hatte: Die Flasche Wasser, die ich hineingieße, wird niemand merken oder schmecken.
Nun aber wußten sie, daß jeder so gedacht hatte. Jeder von ihnen hatte gedacht: Heute will ich mal auf Kosten anderer feiern.
Unruhe, Unsicherheit und Scham erfaßte alle, nicht nur, weil es lediglich Wasser zu trinken gab. Und als um Mitternacht das Flötenspiel verstummte, gingen alle schweigend nach Hause, und jeder wußte: Das Fest hat nicht stattgefunden.

Chinesisches Märchen

Sadko

In der fernen, weiten Rus, in einer der reichsten Städte des Landes, in Nowgorod, lebte einst ein Jüngling, Sadko genannt. Er war nicht reich, brachte aber allen, wohin er kam, Glück und Freude.
Sadko war Guslispieler, und die Gusli, seine Kniegeige, war sein einziger Besitz. Die Lieder, die er sang und spielte, rührten zum Weinen und lockten zum Lachen, stärkten die Seele und labten das Herz. Wurde in Nowgorod ein Fest gefeiert, mußte Sadko kommen, mußte dort spielen. Alle riefen ihn, ob Kaufmann, ob Bojare, zu Hochzeit und Taufe oder zum Gastmahl zu spielen, den Paaren zum lustigen Tanz.
Kurz, wo Sadko nicht war, fehlten die Lieder, und wo sie fehlten, trauerte das Herz. Und wenn es trauerte, wo waren dann die Gäste? Denn Trübsal hat jeder zu Haus genug, warum sie noch anderswo suchen? Wo Freude herrscht, kommt ein jeder gern. Wo Lieder erklingen, denkt man nicht an Not und Sorgen, an Leid und Kummer, von denen gibt's auch so im Leben genug.
So lebte Sadko frei wie ein Vogel. Um Speise und Trank brauchte er sich nicht zu sorgen. Sieben Tage in der Woche spielte er auf Kindtaufen, Hochzeiten, Gelagen. »Komm nur, Sadko, die Gäste freuen sich schon auf deine Lieder. Und komm gleich am Morgen! Die Gäste kommen schon früh zusammen. Du ißt mit ihnen, stärkst dich am Wein, und für dein Spiel wirst du reichlich belohnt. Alles bekommst du, was du dir wünschst«, so wurde er immer gerufen.
So ging es Wochen, Monate, Jahre. Aber wie es auf Erden so geht, daß alles Schöne auch einmal endet, so kam auch zu Sadko schließlich die Sorge. Unvermutet stand sie plötzlich da und grinste ihn an aus allen Ecken.

Schluß war's auf einmal mit allen Liedern. Niemand wollte Sadko mehr hören, keiner lud ihn ein, als hätten ihn alle vergessen. Wochen vergingen, bald wurden es Monate. »Seid ihr Händler denn alle gestorben und ihr, Bojaren, von Krankheit gezeichnet? Oder verarmt gar, daß ihr nun keine Feste mehr feiert? Oder sind plötzlich taub eure Ohren, daß ihr Sadko nicht mehr ruft, den ihr doch früher so gerne gehört?«
So war es nicht. Die Kaufleute lebten, und gesund waren alle Bojaren. Auch das Gehör hatten sie nicht verloren. Aber leid war den Kaufleuten plötzlich die Gusli, und die Bojaren scheuten Sadkos Lieder. Ganz Nowgorod hatte ihn plötzlich vergessen, und es verlangte sie nicht mehr nach den Liedern, die Sadko für sie gesungen.
Sadko litt Hunger und Not. Mehr aber noch verdroß ihn, daß seine Gusli verstummt war und niemand die Lieder mehr hörte, die ihm immer noch aus der Seele quollen.
Und so ging Sadko eines Morgens aus der Stadt, er lenkte seine Schritte bis zu den blauen Wassern des Ilmensees. Dort setzte er sich auf einen weißen Stein am Ufer und nahm seine Gusli, die weiße, aus gutem Ahornholz. Und er spielte dem Wasser und spielte den Wellen, die von Ufer zu Ufer wogten und leise sich betteten auf dem weißen Sand rund um den See.
Sadko spielte am Morgen, am Mittag und am Abend, den ganzen Tag ließ er die Lieder erklingen, die aus seinem Herzen kamen. Zum Tanz spielte er auf und spielte auch traurige Lieder, sie strömten aus seiner Gusli und stillten den Schmerz in seinem Herzen . . .
Am Abend, als die Sonne müde zur Ruhe ging, brach aus der Tiefe des Sees eine Welle hervor gleich einem gläsernen Berg oder wie schweres Gewittergewölk, und brandete über den weißen Stein. Bis zum Gürtel reichte sie Sadko und bedeckte seine Schultern mit Schaum.

Entsetzen packte ihn, und er glaubte, sein Ende wäre gekommen. Er wollte schreien und sein Heil in der Flucht suchen. Doch die Füße versagten den Dienst, und er blieb reglos sitzen auf dem weißen Stein.
Da teilte sich das Wasser des Sees, als hätte ein Schwert es zerschlagen, und in der Kluft stand der schreckliche Zar Ilmen, der Herr des Sees, der Seezar selbst, und sprach also zu Sadko: »Gruß dir, mein Sadko, du trefflicher Guslispieler, und Dank, daß du meinen Gästen aufspieltest, die zum Fest bei mir weilten ... Eingeladen hatte ich dich nicht, doch scheint mir, daß du reichen Lohn verdient hast. Kehr wieder heim, Sadko, nach Nowgorod, und erwarte den Morgen. Meine Boten werden kommen und dich zu einem Gastmahl laden, wie die Stadt noch keines gesehen. Die reichsten Kaufleute kommen zusammen, und von den stolzen Bojaren wird nicht einer fehlen. Wenn sie dann alle am Tisch sitzen mit schwellenden Bäuchen vom guten Essen und sich laben am besten Wein, werden sie sich brüsten – der reiche Kaufmann mit seinen Schätzen, der stolze Bojar mit seinem Schwerte, die eigene Dummheit wird der Dumme dann preisen, während der Weise bescheiden von Vater und Mutter nur spricht.
Du, Sadko, sag nichts, als wärest du stumm. Sie werden dich fragen: ›Nun, und du Sadko, bist du so arm, daß du nichts hast, womit du dich rühmen könntest?‹ Warte, bis alle still sind, und dann erhebe dich und sage zu ihnen: ›Ich weiß ein Geheimnis, das niemand von euch kennt. Ich weiß, was in der Tiefe des Ilmensees verborgen ruht. Dort lebt ein seltenes, gar kostbares Fischlein, Schuppen und Flossen aus reinem Gold. Wenn ich nur Lust hab', geh' ich zum See hin, und im feinsten Netz fange ich das Fischlein, und wenn ich will, auch noch ein zweites und ein drittes. Daheim dann lasse ich sie in einem Zuber schwimmen, mich zu erquicken an ihrem Anblick.‹

Niemand wird dir glauben. Und jeder Kaufmann und jeder Bojar, ein jeder Reiche wird mit dir wetten wollen. Du gehe drauf ein und wette mit ihnen um alle ihre Waren, die in ihren Lagern liegen, wette mit ihnen um das Gold, das sie in ihren Truhen verwahren, wette mit ihnen um alles Geschmeide, mit denen sie ihre Frauen und Töchter behängen.

Dann nimm das feinste Seidennetz und komm zum Ilmensee. Die Kaufleute und Bojaren sollen dich begleiten. Rudere mit einem Fischerboot aufs Wasser und wirf das Netz in die Fluten. Dreimal ziehst du es aus dem Wasser. Bei jedem Male will ich ein Fischlein aus reinem Golde dir geben.

So wirst du alles gewinnen, Gold und auch Waren, und wirst mit einem Schlag zum reichsten Kaufmann in ganz Rußland. So will ich dich dafür belohnen, daß du uns dreimal so schön gespielt.«

Der Seezar hatte zu Ende gesprochen, das Wasser schloß sich wieder über ihm, und der See lag still und ruhig da wie eh und je.

Wie träumend wandelte Sadko nach Hause, wo er den neuen Tag erwartete. Kaum hatte sich die Sonne am Himmel erhoben und schickte ihre Strahlen zu Sadkos Türe, wurde schon mit Nachdruck an sie gehämmert.

»He«, rief es, »Sadko, bist du zu Hause, und hast du daheim deine Gusli? Komm schnell zu spielen auf dem größten Fest, wie Nowgorod keines noch gesehen seit seinem Bestehen. Alle rüsten sich schon, schmücken sich schon zum Fest, alle freuen sich schon auf deine Gusli, auf deine Lieder.«

Da nahm Sadko die Gusli vom Tische und ging mit dem Boten. Der hatte nicht zuviel versprochen. Alles, was Rang und Namen hatte in der Stadt, saß schon am Tische und ließ es sich munden. Köstliche Speisen gab es in Fülle, und edle Weine flossen in Strömen. Und Sadko spielte, wie niemals zuvor. Alle grüßten ihn, alle lobten ihn und tranken aus goldenen Bechern ihm zu. – Und als dann alle sich satt gegessen und an dem Wein sich sattsam gelabt, hielten sie Reden, rühmten sich, prahlten. Der Ehemann mit seiner schönen Gemahlin, der Kaufmann mit seinen vollen Lagern, und der Bojar mit seinem Schwert, die eigene Dummheit pries der Dumme, während der Weise bescheiden von Vater und Mutter nur sprach.

Nur Sadko saß schweigend, als wäre er stumm. Er wartete, bis man ihn fragte. Die Kaufleute und die Bojaren verlangten zu wissen: »Nun, und du, Sadko? Sitzt nur und schweigst. Was ist denn mit dir? Hast du denn gar nichts, um dich zu rühmen? Sei's mit der Gusli oder den Liedern?«

Da erhob sich Sadko und sprach, wie der Seezar ihm geraten: »Ich kenne ein Ding, das ihr nicht kennt, weiß ein Geheimnis, das in der Tiefe des Ilmensees verborgen. Dort lebt ein seltenes, kostbares Fischlein mit Schuppen und Flossen aus purem Gold. Solch einen Fisch hat noch keiner gefangen, keiner hat ihn bisher gesehen. Aber ich fahre mit dem Boot hinaus auf den See, breite ein feines, seidenes Netz aus, und damit werde ich das Fischlein fangen. Und nicht nur eines, ich fange gleich drei.«

Da sprangen alle die Reichen auf, und im Chor johlten sie und schrien. »Willst du uns einen Bären aufbinden, willst du uns alle zum Narren halten? Wir wetten mit dir um all unsere Habe, um unsere Güter, um Gold und Perlen, daß das nicht wahr ist, was du gesagt. Wenn du gewinnst, ist dir geholfen, und du hast Reichtum dann zur Genüge. Aber Gott helfe dir, wenn du verlierst. Dann legen wir dir einen eisernen Ring um den Hals, und um die Arme schwere Ketten. Und so werden wir dich durch Nowgorod führen zum Gespött aller Menschen.

Und dann jagen wir dich zum Tor hinaus, damit du niemanden mehr verärgerst mit leichtfertigen Reden.«
Und Sadko nahm die Wette an im Vertrauen auf den Seezaren.
Nun zogen alle, so wie sie waren, zum Ilmensee. Sadko hatte feinste Netze bei sich, wie sie die kunstfertigen Fischer im fernen China zu knüpfen verstehen. Kauffahrer hatten sie nach Nowgorod gebracht auf ihren Schiffen.
Zum See kamen sie und lagerten sich am weißen Ufer, um zuzuschauen, wie Sadko fischte weit draußen in seinem kleinen Kahn. Einmal warf er das Netz und zog es nun langsam wieder ein. Da hörten sie zarte Musik aus dem See klingen wie von gläsernen Glöckchen. Langsam tauchte das Netz aus der Tiefe: Schaut alle her, was darin zappelt! Ein kleines Fischlein, aber so herrlich, wie es noch keiner auf Erden gesehen. Es glänzte und glitzerte in seiner Schönheit, golden schimmerte es, als hätte ein Goldschmied es kunstvoll gehämmert. – Und wieder warf Sadko das Netz in die Tiefe und dann noch einmal, wie der Seezar ihm gesagt. Und jedesmal hing ein goldenes Fischchen in seinem Netz.
»Was für ein Wunder«, riefen nun alle. »Seltsame Dinge birgt dieser See.«
Sadko hatte die Wette gewonnen und war nun reich wie in Nowgorod keiner. Geld und Gut, Gold und Geschmeide, kostbare Juwelen und Edelsteine, das alles nannte er sein und vermehrte seinen Reichtum noch durch manchen Handel mit fernen Ländern. Einen Palast ließ er sich bauen aus weißem Stein, der von fern leuchtete wie die Sonne. Und als der Palast fertig war, führte Sadko eine Braut heim, schön wie die Morgenröte, und feierte Hochzeit.

Russisches Märchen

Anas große Sorge

Ana hatte große Sorgen. In sechs Wochen war schon ihr Erstkommuniontag. Alle Mädchen hatten bereits ihr weißes Kleid, nur sie nicht, Ana. Die Mutter hatte ihr weinend erklärt, daß das Geld dafür nicht reiche und der Vater ihr gesagt, daß sie alles Geld für den Umzug in die neue Wohnung gebraucht hätten. Ana hatte alles verstanden. Der Vater verdiente nicht sehr viel. Er arbeitete in einer Gärtnerei. Er hatte diese Arbeit nicht gelernt. Die Familie war vor einigen Jahren aus Südspanien nach Deutschland gekommen, und der Vater war froh, eine Arbeitsstelle gefunden zu haben.

Ana ging oft heimlich durch die Straßen der kleinen Stadt, in der sie wohnte. Vor den Schaufenstern der großen Kleidergeschäfte blieb sie stehen. Hinter den Glasscheiben standen sie, die steifen Puppenkinder mit ihren weißen Kleidern und Kränzchen im Haar. Leise zählte Ana vor sich hin: »Eins, zwei, drei, vier, fünf, sechs, sieben, acht . . . und ich brauche doch nur ein einziges davon«. Traurig ging sie von einem Fenster zum anderen, und allmählich liefen ihr die Tränen übers Gesicht. Es half alles nichts, sie würde kein weißes Kleid bekommen. Ana verwünschte den ganzen Erstkommuniontag.

Am nächsten Tag sagte sie zu ihrer Freundin Renate: »Weißt du, Renate, vielleicht bin ich bald krank, sehr krank. Mein Bauch tut mir immer so schrecklich weh. Dann kann ich am Kommuniontag nicht dabei sein. Wirst du mir dann alles erzählen?« Renate schaute Ana erschrocken an: »Warst du denn schon beim Arzt? Der gibt dir bestimmt gute Tabletten. Dann bist du schnell wieder gesund.« »Nein«, meinte Ana, »so schnell geht das nicht. Es ist eine ganz schlimme Krankheit.« »Ja, aber, dann kannst du dein schönes weißes Kleid ja gar nicht anziehen.« »Ach, ich hab ja gar keins ...«, fiel Ana ihr ins Wort, »meine Eltern haben kein Geld dafür.« Renate starrte sie an, das verstand sie nicht. Ana wurde ganz rot im Gesicht. Bevor Renate noch etwas sagen konnte, lief sie schnell fort.

Am Abend erzählte Renate die ganze Geschichte ihren Eltern beim Abendbrot. »Tja«, meinte der Vater, »das ist eine schwierige Geschichte. Vielleicht sollten wir bei den Eltern der Kommunionkinder sammeln und das Geld Anas Eltern schenken. Aber es könnte auch sein, daß sie sich dann beschämt fühlen. Es ist nicht leicht für Anas Vater, in einem fremden Land zu arbeiten.« »Warum ist Anas Familie dann nicht zu Hause in Spanien geblieben?« will Renate wissen. »In der spanischen Heimat gab es für Anas Vater keine gute Arbeit, dort hatte er bestimmt noch weniger Geld.« »Vielleicht sollten wir alle keine weißen Kleider anziehen, wenn Ana keins haben kann«, überlegte Renate. »Ach, das fände ich schade«, meinte die Mutter. »Das weiße Kleid ist doch ein Zeichen der Freude, das an die Taufe und das Taufkleid erinnert. ›Weiß‹ bedeutet immer, daß etwas Neues beginnt. In der Taufe begann der Freundschaftsbund mit Jesus, bei der Erstkommunion beginnt die Tischgemeinschaft mit Jesus in der Gemeinde. Weiß ist auch ein Zeichen für das strahlende Licht der Herrlichkeit Jesu.« »Aha«, meinte Renate, die aufmerksam zugehört hatte. »Ich hab's«, rief plötzlich der Vater, »Ana ist doch deine Freundin, Renate, wir kaufen Anas Kleid. Du nimmst einen Betrag von deinem Sparbuch und Mama und ich auch. Was haltet ihr davon? Wir drei, wir machen das. Anas Eltern werden das doch sicher annehmen, weil du Anas Freundin bist, und niemand soll etwas davon erfahren.«

Gleich am nächsten Morgen besuchte Renates Mutter Anas Mutter. Bald saßen die beiden Frauen gemütlich zusammen, vor sich eine Tasse duftenden Kaffees. Anas Mutter erzählte vom Umzug und der neuen Wohnung. Dann kamen sie auf den nahen Erstkommuniontag zu sprechen. »Es ist trauriger Tag für uns«, sagte Anas Mutter in gebrochenem Deutsch, »ganze Familie in Spanien, Oma, Opa, zu Hause ist immer großes Fest für ganze Familie, beten alle zusammen in unserer Sprache. Und Ana ist traurig, hat nicht weißes Kleid, Geld reicht nicht. Ich möchte nähen ein Kleid aus Hochzeitskleid. Hochzeitskleid ist Zeichen für Liebe, möchte weitergeben meine Liebe an Ana, aber ich habe keine Maschine.« Sie schaute ängstlich ihre Besucherin an. Soviel hatte sie geredet. Renates Mutter hatte immer aufmerksamer zugehört. Jetzt nahm sie die Hände von Anas Mutter in ihre und sagte: »Das ist wunderbar, was Sie da sagen. Ich habe etwas gelernt, danke. Ich bin gekommen, weil Renate mir erzählt hat, daß Sie alle ein bißchen Heimweh haben jetzt, ja, und da möchten mein Mann, Renate und ich Sie bitten, doch mit unserer Familie gemeinsam den Erstkommuniontag zu feiern. Ana und Renate sind doch Freundinnen. Da können wir das Fest gemeinsam vorbereiten und feiern. Dann sind wir eine große Familie.« Anas Mutter fing vor Überraschung und Freude an zu weinen. Renates Mutter überlegte schnell, daß das geplante Geld für Anas Kleid fast für etwas anderes reichte. Dann sagte sie: »Tja, wir haben uns auch schon ein Geschenk für Ana und ihre Familie überlegt, für den Erstkommuniontag und den Einzug in die neue Wohnung: eine kleine Nähmaschine. Renate und ich möchten sie gerne heute am Nachmittag bringen. Das dürfen wir doch? Die beiden Mädchen werden sich dann bestimmt freuen, wenn Sie für Ana aus dem wunderschönen Brautkleid ein Kleid nähen.« »O ja, Sie müssen sehen«, schon verschwand Anas Mutter in ihrem Schlafzimmer und kam rasch zurück. Aus einer großen grauen Schachtel zog sie langsam und feierlich das weiße Brautkleid. Es war eine Flut von Seide, Tüll und Spitze mit einer langen Schleppe. »Liebe und Segen für Ana«, flüsterte sie leise und strich vorsichtig über die weiße Seide. »Aber wie soll ich Ihnen danken?« fragte sie ratlos. »Oh, wir haben eine große Bitte«, sagte Renates Mutter, »Renate erzählt mir immer, wie gerne sie spanische Gerichte ißt. Damit möchte ich sie an ihrem Festtag überraschen, wenn Sie mir helfen. Vielleicht können wir ein spanisches Festessen kochen für alle unsere gemeinsamen Gäste.« Wie froh sagte Anas Mutter zu.

Hermine König

Das goldige Kreuz

Guten Tag. Wir suchen ein Geschenk für unseren Eberhard. Dabei dachten wir an ein hübsches kleines Kreuz. Nicht wahr, Eberhard?«

»Ja, Mama.«

»Nein, nein, kein Wandkreuz. An einem Halskettchen sollte es hängen. Ja, lassen Sie mal sehen! Hm, hölzerne nehmen wir auf keinen Fall. Es soll schon etwas Besseres sein! Das schlanke Elfenbeinkreuz da zum Beispiel ist nicht schlecht. Was meinst du, Eberhard?«

»Ja, Mama.«

»Das kleine Silberkreuz da aber auch nicht. Trotzdem etwas zu unauffällig, finden Sie nicht? Dann schon eher das Goldkreuz dort! Ist das echt? Ja? Die Kette auch? – Nein, wie süß! Und erst das Prägestempelchen auf der Rückseite! Ich glaube, das sollten wir nehmen, Eberhard.«

»Ja, Mama.«

»Also gut, wir nehmen es. Packen Sie es bitte ein. – Wenn es auch reichlich teuer ist. Aber Gold ist ja schließlich auch eine Wertanlage. – Nein, warten Sie! Leg es mal um den Hals, Eberhard. – Ist es nicht goldig? Wissen Sie, der Junge geht zur ersten Kommunion, und da sollte es auf jeden Fall etwas Religiöses sein. Alles andere hat er ja schon. – Aber aussuchen sollte er sich sein Kreuz schon selber. Und du bist doch auch zufrieden mit deiner Wahl, Eberhard. Oder?«
»Ja, Mama.«
»Na, siehst du!« *Thomas Klocke*

Drei Wünsche

In China trafen sich einmal drei alte Männer, die in ihrer Kindheit den gleichen Lehrer gehabt hatten. Aus dem einen von ihnen war ein Statthalter des Kaisers geworden, aus dem anderen ein Gelehrter, aus dem dritten ein Gärtner.
Als die drei ehemaligen Mitschüler nun so beisammensaßen und sich über ihr Leben unterhielten, kamen sie auch auf die Wünsche zu sprechen, die sie noch an das Leben hatten, und sie stellten fest, daß sie immer nur Wünsche für den folgenden Tag hatten, da sie ja schon alt waren und jeder Tag ihnen wie ein Geschenk vorkam.
»Ich wünsche mir für den morgigen Tag«, sagte der Statthalter, »eine Porzellanschale voll köstlichen Tees und ein stolzes Pferd zum Ausreiten. Mehr Wünsche habe ich nicht.«
»Ich«, sagte der Gelehrte, »wünsche mir für den morgigen Tag eine Schale süßer Trinkschokolade und gute Augen, um ein schönes Buch zu lesen.«

»Und ich«, sagte der Gärtner, »ich wünsche mir für den morgigen Tag, daß die Sonne aufgeht, wie sie es immer getan hat, daß der Quell nicht versiegt, von dem ich morgens trinke, und daß die Vögel in den Bäumen singen, von deren Früchten ich mich nähre.«

In der Nacht, die diesem Gespräch folgte, gab es ein großes Erdbeben in China. Als der Statthalter tags darauf seinen Tee trinken wollte, konnte er's nicht; denn die porzellanene Schale dafür war zerbrochen; und als er mit dem Pferd ausreiten wollte, konnte er's gleichfalls nicht; denn einstürzende Mauern hatten sein Pferd erschlagen.

Dem Gelehrten erging es ähnlich wie dem Statthalter. Als er seine Schokolade trinken wollte, fehlte dafür die Schale; und als er in einem schönen Buche lesen wollte, konnte er's nicht; dennn seine Bibliothek war eingestürzt, und alle seine Bücher waren verbrannt.

Dem Gärtner aber ging es anders als dem Statthalter und dem Gelehrten. Als er erwachte, ging die Sonne auf, wie er es sich gewünscht hatte. Als er zum Quell ging, um daraus zu trinken, sprudelte der immer noch. Und als er in den Garten ging, der von dem Erdbeben verwüstet war, standen dort immer noch einige Bäume, die Früchte trugen, und in den Bäumen sangen Vögel.
Seitdem sagt ein Sprichwort in China: Wer sich für den folgenden Tag am wenigsten wünscht, der ist am glücklichsten daran.

Geschichte aus China

Alle gratulieren

Alle gratulieren
mir zu diesem Tag,
und auf meinem Tisch liegt,
was ich gerne mag.
Jeder wünscht mir Gutes,
und ich freu mich sehr.
Wenn doch alle Tage
mein schöner Festtag wär.

Der heißersehnte Schal

Es war ein wunderbarer Schal. Tschi-Wi konnte das schon durchs Ladenfenster erkennen. Auf der einen Seite war er dunkelblau, auf der anderen leuchtend rot, hatte blaurote Fransen und sah wundervoll weich und warm aus.

Tschi-Wi sah den Schimmer in den Augen ihrer Mutter, als sie liebevoll mit der Hand über den Stoff strich, und eine Stimme in ihrem Herzen sprach zu ihr: Den muß Mutter haben! Möchte doch der Gute Geist ihn für meine Mutter bestimmen!

Heute war nämlich Einkaufstag für Tschi-Wi und ihre Mutter. Schon am frühen Morgen waren sie mit dem Wagen des Schafhirten gekommen, um die Krüge von Tschi-Wis Mutter im Laden gegen Lebensmittel und Kleidung einzuhandeln. Es war eine lange Fahrt in dem klapprigen, alten Wagen von dem hohen Berg bis zum Laden in die Schlucht, eine Fahrt durch weite Wüste mit ihren wechselnden Farben und über die nach der Regenzeit versandeten Flußläufe. Tschi-Wi liebte diese Reise sehr und wurde ihrer nie müde. Denn unterwegs gab es stets viele Tiere zu sehen: Präriehunde, Eidechsen und Hornkröten, Schafe und manchmal in großer Entfernung eine Antilope oder einen grauen Wolf. Und dann immer wieder diese Aufregung, wenn sie in einen besonders tiefliegenden ausgetrockneten Fluß hinunterholperten: Würde der alte Karren nicht auseinanderfallen, ehe sie überhaupt das andere Ufer erreichten? Aber dann brach er doch nicht auseinander, wie er es auch nie getan hatte, solange Tschi-Wi überhaupt zurückdenken konnte.

Seit Tschi-Wi nicht mehr so klein war, daß sie in einem Schal auf dem Rücken ihrer Mutter getragen werden mußte, seit sie ohne Hilfe sitzen konnte, fuhr sie jeden Monat einmal mit dem alten Wagen, und der Karren sah

heute noch genauso aus wie einst. Und es schien nicht so, als ob er jemals anders aussehen würde.
Tschi-Wi trat ganz dicht an den Tisch heran und befühlte den Schal mit ihren Fingern. Er war ebenso weich und warm, wie er aussah. »Wirst du ihn kaufen, Mutter?« fragte sie eifrig und legte ihre Wange gegen das wollene Tuch. Die Mutter schüttelte traurig den Kopf. »Nein, mein Kleines«, sagte sie. »Wir müssen heute Lebensmittel einhandeln und nicht Dinge, die wir nicht unbedingt brauchen.«
»Aber du brauchst einen Schal – diesen Schal«, entgegnete Tschi-Wi. »Du weißt, Mutter, daß du ihn brauchst.« – »Wir wollen nicht mehr davon sprechen«, sagte die Mutter und wandte sich ab. »Unser Geld reicht nur fürs Essen.« Und dann verhandelte sie mit dem Kaufmann über Mehl, Zucker und Samen.
Tschi-Wi stand dabei, betrachtete verwirrt den Schal und sagte sich immer wieder: Meine Mutter muß diesen weichen, herrlichen Schal haben!
Sie wartete, bis die Mutter die Lebensmittel zum Wagen hinaustrug, und sprach dann mit dem Händler. Er war ein gutmütiger Mann und hatte sich immer freundlich mit Tschi-Wi unterhalten, so hatte sie keine Furcht vor ihm.
»Was kostet der Schal?« fragte sie ihn. »Den weichen, blauen meine ich, den mit der roten Unterseite.«
»Sechs Dollar«, antwortete der Händler lächelnd. »Er ist aus reiner Wolle und herrlich warm.«
Tschi-Wi dachte angestrengt nach, griff dann an ihren Hals und öffnete den Kragen der Kattunbluse.
»Schauen Sie«, sagte sie zu dem Händler, »ist meine Halskette nicht wunderschön? Die Kugeln sehen doch genauso aus wie der Himmel, wenn die Sonne aufgeht – so leuchtend rot. Ich – finde, es ist eine wunderschöne Halskette.«

Der Händler beugte sich vor und betrachtete den Schmuck. »Hübsch«, bestätigte er. »Wenn du sie verkaufen willst, gebe ich dir zwei Dollar dafür.« Tschi-Wi war zutiefst enttäuscht, und ihre Finger berührten zart die roten Kugeln. »Zwei Dollar? Ich – ich hatte gedacht – wissen Sie, ich möchte gern den Schal haben.«

»Das tut mir leid«, bedauerte der Händler, »aber der Schal ist viel mehr wert, kleines Mädchen. Nein, für die Halskette kann ich ihn nicht eintauschen.«

Tschi-Wi war sehr betrübt, und auf der langen Fahrt nach Hause hatte sie kein Auge für die Eidechsen und die kleinen Hasen und Präriehunde, die über ihren Weg liefen. Und sie sah auch weder die leuchtenden Farben der blühenden Kakteen und Agaven noch die blauen Berge am gleißenden Horizont. Sie dachte nur: Wie kann ich genügend Geld bekommen, um den schönen Schal zu kaufen?

In dem Indianerdorf auf dem Tafelberg war es recht schwer, Geld zu verdienen. Sie konnte zwar ein klein wenig weben; denn das hatte sie ein alter Mann im Dorf gelehrt. Aber man brauchte viel Zeit dafür, und die farbige Wolle gab es auch nur gegen Geld. Die Töpfe, die sie anfertigte, waren noch nicht schön genug, um verkauft werden zu können. Sie hätte beim Pflücken der Pfirsiche und Aprikosen helfen können, aber jetzt war gerade keine Erntezeit, und außerdem würde sie auch nur ein paar Pfennige dafür bekommen haben. Und zu verkaufen hatte sie ebenfalls nichts – nichts außer ihrem einzigen Schatz, der Halskette, und die war nur zwei Dollar wert, wie ihr der Händler gesagt hatte. Ach, es war schon recht schwierig mit dem Geldverdienen! Wie das wohl die anderen machten? Das konnte sie nicht begreifen! Aber nicht einen Augenblick gab sie den Gedanken an den Schal auf, den sie für die Mutter erstehen wollte.

Wie sie es anstellen sollte, das war die Frage, die sie jetzt beunruhigte.
Als sie das nächste Mal zum Händler kam, schaute Tschi-Wi sofort nach dem Schal, und es war, als ob ihr Herz aufhörte zu schlagen; denn nirgends konnte sie ihn wiederentdecken. Natürlich – jemand würde gesehen haben, wie schön er war, und ihn gekauft haben, jemand, der sechs Dollar und noch mehr besaß, einer, der nicht warten und überlegen mußte. Heiße Tränen stiegen ihr in die Augen. Noch nie hatte sie ihr Herz so sehr an etwas gehängt wie an diesen herrlichen blauen Schal mit der roten Unterseite.
»Ist er verkauft?« fragte sie den Händler mit zitternder Stimme. »Dieser – dieser schöne Schal – ist er verkauft?«
Einen Augenblick betrachtete er sie mit nachdenklich gerunzelter Stirn. »Der Schal?« fragte er, aber dann erinnerte er sich wieder und lachte ein wenig. »Nein, der ist noch da. Möchtest du ihn kaufen?«
Tschi-Wi faßte plötzlich einen Entschluß, der sie selbst erschreckte. »Ja«, sagte sie schnell und sah sich um, ob die Mutter sie auch nicht hörte, »ich möchte ihn kaufen. Aber ich habe nicht so viel Geld – noch nicht. Hier!« Und mit zitternden Fingern nestelte sie die kleine Halskette los und legte sie ihm in die Hand. »Ich bring' bestimmt bald mehr. Könnten – könnten Sie ihn eine Weile für mich aufheben?« Ihre Stimme klang so eindringlich, ihre Augen blickten so flehentlich, und ihr Körper zitterte so heftig, daß der Händler es sehen mußte. Liebevoll betrachtete er Tschi-Wi und legte seine Hand auf ihr schwarzes Haar.
»Wie alt bist du, kleines Mädchen?« fragte er unerwartet. »Neun, glaube ich«, antwortete Tschi-Wi erstaunt. »Meine Mutter hat es mir einmal gesagt – ja, neun«, sagte sie.

»So, so«, meinte der Mann langsam, und seine Augen schienen in die Ferne zu blicken, »so alt wäre mein kleines Mädchen jetzt auch.«
Plötzlich fügte er mit völlig veränderter Stimme hinzu: »Ich will den Schal für dich aufheben, kleines Mädchen vom Berge, bis du mir das restliche Geld bringst.« Dann wandte er sich den anderen Indianern zu, die den Laden betraten.
Als Tschi-Wi zum Wagen ging, glaubte sie, auf Wolken dahinzuschreiten. Der Schal gehört ihr – wenigstens beinahe! Und »beinahe« war ein so kleines Wort, daß sie es schnell vergaß. Das warme, weiche Tuch würde über den Schultern ihrer Mutter liegen und rot leuchten, wenn sie ausging. Wie stolz würde sie, Tschi-Wi, sein, daß sie selbst es gekauft und bezahlt hatte, aber – ja, da sank ihr wieder der Mut – wie sollte sie es selbst bezahlen?
Die nächsten Wochen waren für Tschi-Wi mit Arbeit ausgefüllt, und hätte die Mutter nicht selbst so viel zu tun gehabt, so wären ihr Tschi-Wis seltsame Unternehmungen bestimmt aufgefallen. Sie schien etwas zu verbergen, und oft machte sie Spaziergänge in die Wüste, von denen sie nichts erzählte. Und als der nächste Einkaufstag herankam, hatte Tschi-Wi unter ihrem Schal etwas Dickes, Rundes. Als Tschi-Wi dem Händler einen großen Topf mit wildem Honig überreichte, klopfte ihr das Herz vor Aufregung und Glück. Sie erzählte nichts von der Mühe, die ihr das Sammeln bereitet hatte, und nichts von den schmerzenden Stichen unter ihrem Arm, die von ein paar wütenden Bienen herrührten, sie sagte nur voller Stolz:
»Hier hab' ich etwas, womit ich den Schal bezahlen kann – das nächste Mal bring' ich wieder was mit.«
Der Händler nahm den Honig, halb verwundert, halb verlegen, entgegen, wandte sich dann rasch ab und sprach mit einem fremden Weißen, der neben ihr auf

einem Faß saß. Tschi-Wi konnte die Worte nicht verstehen, und darum begriff sie auch nicht, warum er sie so angesehen hatte.
»Ich habe noch andere Schals«, hörte sie ihn plötzlich sagen.
»Es macht dir doch sicher nichts aus, daß dieser Herr hier den blauen mit der roten Unterseite gekauft hat?«
Für Tschi-Wi schien plötzlich die Welt in Finsternis getaucht. Ihr Schal – ihr herrlicher Schal –, er gehörte diesem Fremden! Kein Wort konnte sie sprechen, und alles schwamm in Tränen vor ihren Augen. Sie sah den Fremden mit einem Paket unter dem Arm zur Tür gehen, und der Händler wandte ihr den Rücken zu, um etwas aus dem Regal zu holen und dann einen alten Mann zu bedienen. Es konnte nicht wahr sein – so grausam konnten die Menschen doch nicht sein!
Tschi-Wi stolperte aus dem Laden in den wartenden Wagen, und Zorn und Kummer waren in ihrem Herzen, aber sie weinte nicht. Schweigend saß sie während der langen Rückfahrt da und überlegte, warum die Weißen wohl Dinge taten, die nicht einmal ein Indianer fertigbringen würde.
Zu Hause vor der Tür bat die Mutter sie, beim Ausladen der Pakete zu helfen. »Und jetzt noch dieses große Paket hier«, sagte sie, »der weiße Fremde hat gesagt, du hättest es vom Händler gekauft? Womit konntest du es denn bezahlen?«
Tschi-Wi riß die Augen weit auf und stand wie erstarrt. Was sollte das bedeuten? Die Mutter legte ihr ein großes Bündel in den Arm, das in weißes Papier eingewickelt und sanft anzufühlen war wie ein Baby. Tschi-Wi überlegte nicht lange, sie riß die Hülle ab – hier, noch vor der Tür –, und es war ein Schal. Ihr Schal? In einer Falte versteckt fand sie eine kleine Karte, darauf stand etwas mit Tinte geschrieben. Sie konnte nur schwer lesen und

wünschte jetzt, sie wäre öfters in die Missionsschule gegangen.
»Mit Deiner Liebe zu Deiner Mutter, kleines Mädchen vom Berge, hast Du diesen Schal gekauft, und es ist meine Liebe zu einem anderen kleinen Mädchen, die Dir Deinen kostbaren Schal wieder zurückgibt. Denn tief in den Herzen der Weißen sieht es genau so aus wie in den Herzen der Indianer.«
Da, neben dem Schal, in ein Papier eingeschlagen, lag ihre rote Halskette.
Jetzt, ja jetzt weinte Tschi-Wi. Aber sie weinte vor lauter Glück, und abwechselnd liebkoste sie den Schal und die Mutter – die das alles nicht begriff – und das rote Halsband, das wieder zu ihr zurückgekehrt war.
Tschi-Wi erfuhr nie, ob es der Händler selbst oder der fremde Weiße gewesen war, der ihr den Schal geschenkt hatte. Der Händler verriet nichts, aber das machte Tschi-Wi nichts aus; denn sie hatte jetzt ein großes Geheimnis erfahren, eins, das du und ich schon kennen: In den Herzen der Weißen sieht es genau so aus wie in den Herzen der Indianer.

Grace Moon

Was wünschen die Kinder der Erde?

Manches Kind, es wünscht sich heiter
Ferien fürs ganze Jahr,
Manches wünscht, es wär ein Reiter,
Manches wünscht, es wär ein Star.

Manches wünscht sich eine Puppe,
Manches eine Eisenbahn,
Manches dicke Nudelsuppe,
Manches einen Ruderkahn.

Manches wünscht sich, Rad zu fahren,
Manches in New York zu sein,
Manches wünscht ein Buch zum Sparen,
Manches ein Keramik-Schwein.

Viele aber hört man weinen,
Viele aber sind in Not;
Und es wünschen diese Kleinen
Weiter nichts als etwas Brot.

Denken wir mit vollem Bauch
An die armen Kinder auch?

James Krüss

Jesus wohnt in unsrer Straße

Manchmal ergeht es uns wie den Jüngern von Emmaus: Jesus begegnet uns, und wir merken es gar nicht. Nun wirst du sicher lauthals protestieren und mir entgegenhalten: Ich würde das bestimmt merken.« Da möchte ich dich an die Legende vom Heiligen Martin erinnern. Nachdem er mit dem armen Bettler seinen Mantel geteilt hatte, erkannte er nachts im Traum Jesus als den Bettler. Ja, so ist es tatsächlich, Jesus kommt uns in vielen Gestalten entgegen, in einem alten Mann vielleicht im Rollstuhl wie in dem Gedicht. Vielleicht sollten wir in Zukunft ein klein wenig nachdenken, ehe wir vorbeistürmen, zum Fußballplatz oder sonst wohin. Vielleicht überlegst du dann auch wie der russische Bauer in der Geschichte: »Sollte das am Ende vielleicht Jesus gewesen sein?« Du könntest dich dann auch wie die Jünger von Emmaus und der alte Bauer froh und beschenkt fühlen. Ja, womöglich ergeht es dir wie der Sonne: alles an verschenkter Zeit, Wärme, Großzügigkeit und Fröhlichkeit geht nicht verloren. Am Ende fehlt im eigenen Herzen »kein einziger Strahl«.
Wer so aufmerksam daran denkt, daß Jesus mit den Menschen unterwegs ist, entdeckt vielleicht manches, was ihm sonst gar nicht auffallen würde, den Blinden zum Beispiel, der nicht allein über die Straße kommt. Mit Jesus, »unserem Bruder«, unterwegs sein – könnte das nicht ein regelrechtes Abenteuer werden?

Mit uns unterwegs

Als Jesus gestorben war, gingen zwei von seinen Freunden aus Jerusalem fort. Sie machten sich auf den Weg nach Emmaus. Dieser Ort lag zwei Stunden Wegs entfernt.
Die beiden waren sehr betrübt. Sie trauerten um Jesus. In ihnen war es ganz dunkel. Während sie so dahingingen, mußten sie immer von ihm reden: Ich dachte, er ist der, der uns erlösen wird. Ich dachte, einmal muß er sich uns zeigen in seiner Herrlichkeit. Aber nein, er ist tot, jetzt schon drei Tage. Da ist keine Hoffnung mehr.
Während sie so redeten, kam Jesus hinzu und ging mit ihnen. Doch seine Freunde waren wie blind. Ihre Augen waren ihnen wie zugehalten, so daß sie ihn nicht erkannten. Er fragte sie: »Was sind das für Sachen, über die ihr miteinander sprecht? Warum seid ihr so traurig?« Da standen die beiden Freunde still und sahen ihn an, ganz traurig, ganz hoffnungslos. Und der eine von ihnen, der Kleopas hieß, sprach: »Du kommst aus der Stadt und weißt nicht, was dort in den letzten Tagen geschehen ist? Das begreife ich nicht. Bist du der einzige, der das nicht weiß?« Der Fremde fragte: »Was denn? Was meinst du?« Da antworteten sie: »Das mit Jesus von Nazaret. Weißt du das nicht? Er war ein Prophet. Er hat so große Dinge getan und machtvoll geredet vor Gott und den Menschen. Doch die Hohenpriester und die Oberen haben ihn zum Tode

verurteilt und kreuzigen lassen. Wir aber glaubten, er ist der, der uns erlösen wird. Aber nein, nun ist er schon drei Tage tot. Da bleibt keine Hoffnung.«
Da sagte der Fremde zu ihnen: »Glaubt ihr denn nicht, was die Propheten vor vielen Jahren schon sagten? Es steht doch geschrieben: Das mußte alles so kommen.«
Als er so mit ihnen redete, waren sie schon nahe bei Emmaus angekommen. Er tat, als wollte er weitergehen. Die Freunde aber sagten: »Nein, bleibe bei uns. Es wird schon Abend. Sieh, es wird schon dunkel.«
Da ging er mit ihnen in ein Haus hinein, um mit ihnen zusammenzusein. Er setzte sich mit ihnen zu Tisch. Sie wollten essen. Da geschah es: Er nahm das Brot. Er dankte, brach es und gab es ihnen.
Da wurden ihnen die Augen geöffnet. Sie sahen, es ist der Herr, es ist Jesus. Sie wurden sehr froh. Aber dann war Jesus nicht mehr vor ihren Augen. Sie aber wußten, Jesus lebt, er verläßt uns nicht, er bleibt bei uns. Er ist immer mit uns unterwegs. Wir sehen ihn nicht, und doch ist er da. Sie sagten zueinander: »Brannte nicht unser Herz, als er mit uns ging und mit uns redete?«
Noch in derselben Stunde brachen sie wieder auf und gingen den Weg nach Jerusalem zurück, um den anderen Freunden alles zu erzählen.

Nach Lukas 24,13–35

Jesus wohnt in unsrer Straße

Jesus wohnt in unsrer Straße,
ist ein alter Mann.
Gestern bin ich ihm begegnet,
und er kam mir sehr allein vor,
und er sah mich an.
  Und er sagte: Wer weiß denn schon,
  daß ich in dieser Straße wohn,
  gleich um die Ecke?

Jesus wohnt in unsrer Straße,
hat keine Beine mehr.
Gestern bin ich ihm begegnet,
und er saß in seinem Rollstuhl,
rollte vor mir her.
  Und er sagte: Wer weiß denn schon,
  daß ich in dieser Straße wohn,
  gleich um die Ecke?

Jesus wohnt in unsrer Straße,
ist 'ne kranke Frau.
Gestern bin ich ihr begegnet,
und es zitterten die Hände,
und ihr Haar war grau.
  Und sie sagte: Wer weiß denn schon,
  daß ich in dieser Straße wohn,
  gleich um die Ecke?

Jesus wohnt in unsrer Straße,
ist ein Schlüsselkind.
Gestern bin ich ihm begegnet,
und es stand am Zaun und weinte,
eiskalt war der Wind.

Und es sagte: Wer weiß denn schon,
daß ich in dieser Straße wohn,
gleich um die Ecke?

Jesus wohnt in unsrer Straße,
im Barackenhaus.
Gestern bin ich ihm begegnet,
sah fast wie ein Gastarbeiter,
ja, so sah er aus.
Und er sagte: Wer weiß denn schon,
daß ich in dieser Straße wohn,
gleich um die Ecke?

Jesus wohnt in unsrer Straße,
man hat ihn gefaßt.
Gestern bin ich ihm begegnet,
und da wurde er entlassen
nach zwei Jahren Knast.
Und er sagte: Wer weiß denn schon,
daß ich in dieser Straße wohn,
gleich um die Ecke?

Jesus wohnt in unsrer Straße,
wohnt da ganz am End.
Gestern bin ich ihm begegnet,
und er fragte: Du, wie kommt es,
daß mich keiner kennt?
Und ich sagte: Wer weiß denn schon,
daß du in dieser Straße wohnst,
gleich um die Ecke?

Rudolf Otto Wiemer

Das Wunder auf der Mühle

Es war einmal der Heiland in Gestalt eines armen Bettelmannes zu einem Müller gekommen und hatte um ein Almosen gebeten. Der reiche Müller wurde böse und sagte: »Geh nur, geh in Gottes Namen! Von deiner Art gibt es genug Leute! Ach so viele! Ich kann doch nicht alle satt machen!« Und er gab ihm nichts. Zur selben Stunde kam ein Bauer zur Mühle. Der brachte einen Sack voll Weizen mit, um die Körner zu Mehl mahlen zu lassen. Der Bauer sah den Bettler, er hörte, was der Müller sagte. Da hatte er Mitleid mit dem Armen und sprach zu ihm: »Komm nur her! Ich will dir von meinem Weizen etwas geben.« Da hielt der Bettler seine Betteltasche dem Bauern entgegen, und der Bauer schüttete ihm ein ganzes Maß voll Weizen hinein. Aber der Bettler hielt noch immer seinen Sack hin. »Willst du noch ein wenig?« fragte der Bauer. »Wenn Ihr so gütig sein wollt, ja«, antwortete der Bettler. Da schüttete das Bäuerlein noch ein Maß voll in den Bettelsack. Aber der Bettler hielt noch immer seine Tasche offen, und das Bäuerlein schüttete noch ein drittes Maß hinein.

Der Müller stand dabei, sah das alles und dachte: »Ist das ein Dummkopf, dieser Bauer! So viel gibt er weg! Für das Mahlen werde ich auch noch einen Teil nehmen, was bleibt ihm dann noch übrig?«

Er nahm nun den Weizen des Bauern, schüttete ihn oben in die Mühle und fing an zu mahlen. Aber siehe da! Die Mühle mahlt und mahlt und hört nicht auf zu mahlen; es dauert eine Stunde, noch eine, und das Mehl rieselt unten immerfort in die Säcke und will nicht aufhören. Der Bauer wußte nicht, wie er so viel Reichtum nach Hause tragen sollte; aber er dachte in seinem Herzen: »Sollte der Bettler vielleicht der Heiland gewesen sein?«

Russische Bauernlegende

Koschka und der Blinde

Unter den alten Leuten, die in das Altersheim am Ende der Karlstraße eingezogen waren, gab es einen Mann, der eine Binde mit drei Punkten am Arm trug und einen weißen Stock hatte.
Er war blind.
Die Kinder sahen ihn alle Tage, ja oft zweimal täglich, am Arm seiner Frau die Straße auf und ab wandern.
Dabei erklärte sie ihm alles.
»Hier ist der Bäcker«, sagte sie etwa. »Wenn du in den Laden willst, mußt du eine Stufe hinunter. Der Verkaufstisch ist dann nicht gerade vor dir, sondern rechts.«
Oder sie sagte: »Jetzt kommt der Laden von Herrn Kraus. Da geht es eine Stufe hinauf. Die Leute sind nett und hilfsbereit, das habe ich gleich gemerkt.«
»Warum erzählt sie ihm das denn so genau?« wunderte sich Binchen. »Sie gehen doch immer zusammen einkaufen und spazieren.«
»Er will sich wohl auch allein zurechtfinden können«, antwortete Annegret. »Weil seine Frau herzkrank ist und nicht immer mitgehen kann.«
»Woher weißt du das denn?« erkundigte sich Koschka.
»Sie haben es mir gesagt, als sie mich neulich nach dem Weg fragten.«
»Schön dumm von den Leuten, daß sie umgezogen sind! So ein blinder Mann bleibt am besten da, wo er einmal ist und wo er sich auskennt«, sagte Koschka.
»Dort, wo sie gewohnt haben, war zuviel Verkehr, hat mir die Frau gesagt. Hier in unserer Gegend ist es damit nicht so schlimm. Und wenn der Mann sich in der ersten Zeit mal verläuft, muß man ihm eben helfen. Wenn wir auf der Straße sind, können wir doch leicht ein bißchen aufpassen.«

»Mach, was du willst!« schnaubte Koschka ärgerlich. »Ich will mit den Leuten nichts zu tun haben. Sie gehören auch zu denen, die uns mit dem neuen Haus unseren Spielplatz genommen haben.«
Freilich konnte auch Annegret nicht immer auf den hilflosen alten Mann achten. Im übrigen hatte er es bewundernswert schnell gelernt, sich in der Straße und ihrer nächsten Umgebung zurechtzufinden. Sogar wie man zu der ziemlich weit entfernten Elisabeth-Apotheke gelangte, hatte er sich gemerkt.
Dorthin war er auch heute unterwegs – ohne seine Frau. Er kam diesmal recht langsam voran. Es war, obwohl nach dem Kalender schon Frühling sein sollte, noch einmal kalt geworden und hatte mächtig geschneit. Straßen und Bürgersteige waren vereist. Nicht überall war gut gestreut, so daß selbst die Leute mit gesunden Augen vorsichtig gehen mußten. Dazu kamen die großen Schneehaufen, die am Rande der Bürgersteige zusammengeschaufelt waren. Der blinde Mann war trotz allem bis zu der Straßenecke gekommen und brauchte nur noch den Damm zu überqueren, um vor der Elisabeth-Apotheke zu stehen.
Er setzte ein paar Schritte zu früh zum Überschreiten der Straße an und geriet dadurch mitten in einen Schneehaufen.
Hilfesuchend wandte er den Kopf mit den blicklosen Augen hin und her.
In dem weichen Schnee, der jeden Laut dämpfte, war nirgends der Schritt eines Menschen zu hören.
Und doch war einer in der Nähe und kam nun heran. Und das war Koschka.
›Zum Glück sieht mich ja keiner‹, dachte er und faßte den Blinden beim Arm.
»So geht's nicht!« sagte er. »Kommen Sie erst mal einen Schritt zurück!«

»Ach, vielen Dank!« Der Mann versuchte vergeblich festzustellen, was für ein Helfer das war, der ihn da am Arm festhielt. Der Stimme nach war es wohl ein größerer Junge. »Sehr freundlich von Ihnen! Bin ich hier überhaupt richtig? Ist dort drüben die Apotheke?«

»Ja.«

Koschka gab sich einen Ruck. »Ich kann Sie gern hinüberführen.«

»Da bin ich aber froh!« sagte der Mann. »Es ist heute wirklich schwer für mich.«

Also führte Koschka ihn über die Straße.

»Da sind wir«, sagte er. »Es geht drei Stufen hinauf.«

»Das weiß ich.« Der Mann lächelte. »So etwas merke ich mir gleich beim erstenmal.« Dann zögerte er.

»Sie würden wohl nicht die Freundlichkeit haben, mich nachher wieder über die Straße zu bringen? Mein Einkauf in der Apotheke dauert nicht lange.«

›Ein bißchen viel verlangt!‹ hätte Koschka am liebsten geantwortet. Aber er sagte zu seinem eigenen Erstaunen: »Ja, natürlich. Ich warte hier draußen.«

Es vergingen kaum zwei Minuten, bis der alte Mann zurückkam. »Sind Sie noch da?« fragte er unsicher.

»Klar.« Koschka räusperte sich. »Aber Sie brauchen doch nicht ›Sie‹ zu mir zu sagen. Ich bin erst dreizehn.«

»Wirklich? Ich habe dich für älter gehalten, weil du so vernünftig bist.«

Hertha von Gebhardt

Beim Fußball war Pedro einfach Klasse

Die Angriffe rollten auf das gegnerische Tor. Peters Flanken waren maßgeschneidert, nacheinander rauschten die Bälle ins Netz. Peters Siegesgebrüll riß die Freunde mit. Doch plötzlich kam das gemeinsame Spiel zum Stocken: Hermann hatte noch Schulaufgaben zu machen und mußte nach Hause. »Es ist zum Haareausreißen! Jetzt, wo wir so schön am Siegen sind!« Peter, der seinen Namen schon im berühmten Notizbuch des Bundestrainers sah, war sauer.

Es mußte Ersatz her. Am Rande des Bolzplatzes stand schon seit einiger Zeit ein dunkelhäutiger Junge mit schwarzem Haarschopf. »He, du! Kannst du Fußball spielen?«

Der Junge zuckte mit den Schultern.

Peter zeigte mit der Hand auf den Fußball, dann auf den Jungen und tat so, als ob er einen Elfmeter schießen würde.

Der Junge, dem man sofort ansah, daß er aus einem südlichen Land stammt, zeigte erstaunt auf sich und machte die Bewegung des Elfmeterschießens nach. »Si, si, si!« rief er dabei freudig erregt.

Pedro, so hieß der Junge, half mit, Peters Mannschaftssieg sicherzustellen. Er war so gut, daß Peter ihn ab sofort regelmäßig zur Verstärkung seiner Straßenmannschaft holte.

Nach und nach lernten sich die Jungen näher kennen. Pedro kam aus Spanien, er hatte Temperament und Fußballblut in den Adern. Was er nicht so gut konnte, war die deutsche Sprache. Aus Hermann wurde bei ihm immer ein »Ermann«. Er schaffte es einfach nicht, ein »H« auszusprechen. Aber das wurde ausgeglichen durch Peters vergebliches Bemühen, das »R« zu rollen.

Peter und Pedro, die beiden Namensvettern, wurden mit der Zeit Freunde. Peter malte seinem Freund einen Stadtplan, damit er sich besser in der neuen Umgebung zurechtfinden konnte. Er ging auch mit ihm zum Einkaufen. Dabei mußte Pedro oft Gewürze besorgen, die für Peter ganz fremd waren. Nicht nur die Sprache und das Aussehen, auch das Essen ist verschieden zwischen Deutschen und Spaniern, stellte Peter fest.
Für das nächste Vereinsfest mußte Peter natürlich die Einladung in Deutsch und Spanisch schreiben. Beim Fest sollten sich Peter, Pedro und die anderen Meisterschaftskandidaten näher kennenlernen.

Ich lade ein zum Fest. Unser Verein besteht jetzt 3 Monate. Ein Grund zum Feiern!

Peter

Jo invito a una fiesta. Nuestro organización cumple ahora 3 meses. Un motivo de fiesta!

Peter

Peter hatte sich ausgedacht, daß die Freunde gemeinsam ein Festessen halten wollten. Natürlich wollten sie das Kochen selber machen. Es gab spanische »Tortillas« und einen deutschen »Strammen Max«. Zum Abschluß ein internationales Gericht: Nuß-Bonbons.
Nach zwei Stunden Kochen und Essen, wobei sie die Küche für sich alleine hatten, hingen den Jungen die Bäuche in den Kniekehlen.
»Prima!« meinten die deutschen Fußballer beim Abschied. »Bueno!« freute sich Pedro.

Gerda Schäfers

Die Sonne und die Wolke

Die Sonne zog am Himmel hin, heiter und stolz auf ihrem Feuerwagen. Voller Freude streute sie ihre goldenen Strahlen nach allen Seiten, zum großen Ärger einer grauen, schlechtgelaunten Wolke, die murrte:

»Verschwenderin, Vergeuderin, wirf deine goldenen Strahlen nur weg, wirf sie nur weg, du wirst schon sehen, was du am Schluß übrigbehältst.«

Jede kleine Traube, die im Weinberg auf ihrem Rebstock reifte, holte sich in der Minute einen goldenen Sonnenstrahl, ja sogar zwei, und da waren kein Grashalm, keine Spinne, keine Blume, kein Wassertropfen, die nicht ihren Teil Sonne genommen hätten.

»Laß dich nur von allen ausrauben, du wirst schon sehen, wie sie dir dafür danken, später, wenn du nichts mehr hast«, brummte die Wolke. Die Sonne aber setzte fröhlich ihre Reise fort und verschenkte großmütig ihre Strahlen nach rechts und links, Millionen, Milliarden goldener Strahlen.

Erst als die Dämmerung abends heraufkam, zählte sie die Strahlen, die ihr geblieben waren: Und schaut her! Es fehlte nicht einer. Keiner. Nicht ein einziger. Die graue Wolke aber, von Staunen und Zorn übermannt, platzte in lauter eisige Hagelschloßen auseinander. Die Sonne aber tauchte fröhlich ins Meer.

Gianni Rodari

Bruder Mensch

So jemand spricht: Ich liebe Gott!
und hasset seine Brüder,
der treibt mit Gottes Wahrheit Spott
und reißt sie ganz darnieder.
Gott ist die Lieb' und will, daß ich
den Nächsten liebe gleich als mich.

Wer dieser Erde Güter hat
und sieht die Brüder leiden
und macht den Hungrigen nicht satt,
läßt Nackende nicht kleiden,
der übertritt die erste Pflicht
und liebt dich, Gott der Liebe, nicht.

Wir haben einen Gott und Herrn,
sind eines Leibes Glieder;
drum diene deinem Nächsten gern,
denn wir sind alle Brüder,
Gott schuf die Welt nicht bloß für mich –
mein Nächster ist sein Kind wie ich.

Christian Fürchtegott Gellert

Wassja und der Bettler

Wassja hatte vier Kopeken, das ist nicht viel mehr als vier Pfennige. Er ging zum Bäcker, kaufte eine Semmel, und der Bäcker gab ihm eine Kopeke heraus. Da ging er nach Hause.

»Um Christ willen, gib mir was!« sagte der Bettler.

Wassja tat die Semmel leid – er gab dem Bettler die Kopeke.

Dann aber tat ihm der Bettler leid: Er kehrte um und gab dem Bettler auch noch die Semmel.

Leo Tolstoi

Knollis Käfig ist leer

Daniel und Rainer sind Brüder. Früher haben sie nur selten einmal miteinander gestritten. Das ist anders geworden, seit Rainer in die Schule geht. Rainer kommt sich jetzt sehr wichtig vor. Der kleine Daniel fühlt sich zurückgesetzt.

Immer häufiger gibt es einen Krach.

Neulich hat sich Rainer im Kinderzimmer einen eigenen Winkel eingerichtet. Den soll Daniel nicht betreten. Und damit Daniel weiß, wo die Grenze ist, hat Rainer eine Schnur vor die Ecke gespannt.

Pampfel und Knolli sind auch Brüder.

Pampfel ist Rainers Goldhamster, Knolli ist Daniels Goldhamster. Die beiden haben einen großen Käfig mit einem Laufrad und einer gemütlichen Schlafhöhle. Der Käfig steht, umgeben von Blumenstöcken, in der rechten Fensternische. Pampfel und Knolli könnten ganz zufrieden sein, doch seit sie erwachsen sind, gehen sie oft aufeinander los. Keiner gönnt dem anderen das Futter, keiner will den anderen in der Schlafhöhle dulden. »Die werden sich noch totbeißen«, sagt die Mutter und besorgt einen zweiten Hamsterkäfig.

Daß Pampfel den neuen Käfig bekommt, findet Daniel ungerecht. »Wieso gerade der Pampfel?« zetert er. »Wieso muß mein Knolli im alten Käfig bleiben?«

»Der ist dumm genug, daß er das gar nicht merkt«, erklärt Rainer.

»Na, ich weiß nicht – ihr seid momentan beide nicht klüger als die Hamster«, sagt die Mutter.

Die Buben ziehen mit ihren Käfigen ab. Rainer in die rechte Ecke des Kinderzimmers, Daniel in die linke Ecke.

»Schöne Zustände sind das!« Die Mutter seufzt. Und im Hinausgehen sagt sie: »Überlegt euch einmal – ihr

könntet ja alle vier Wochen die Käfige tauschen, damit's keinen Streit gibt.«
Doch Knolli wird nie in den anderen Käfig übersiedeln. Eines Tages liegt er reglos im Heu, die Beine steif ausgestreckt, das Mäulchen halb geöffnet.
Vor ein paar Stunden hat er sich noch die Backen mit Körnern und trockenen Beeren vollgestopft, genauso munter wie sonst immer. Und nun liegt er ganz fremd da, so erschreckend fremd, daß Daniel vom Käfig zurückweicht.
»Du, Rainer – schau den Knolli an – der bewegt sich nicht – der hat was, der Knolli!«
»Was soll er denn haben?« knurrt Rainer aus seiner Ecke.
»Er ist tot«, würgt Daniel mühsam hervor.
»Wenn du nicht spinnst«, sagt Rainer, aber dann steigt er doch über die Schnur, die seine Ecke abgrenzt. Kopfschüttelnd geht er auf Daniels Winkel zu und schaut in den Käfig.
»Oder nicht?« fragt Daniel.
Rainer preßt die Lippen zusammen. Endlich sagt er: »Ich glaub, da müssen wir die Mutti rufen.«
»Mein Knolli ist tot«, sagt Daniel still. Er weint nicht. Er tobt nicht herum vor Schmerz. Er steht wie erstarrt.
Noch vor dem Abend wird Knolli in dem verwilderten Gärtchen im Hinterhof eingegraben. Der Vater legt zuletzt einen bemoosten Ziegelbrocken auf die Stelle.
»Damit wir uns den Platz merken«, sagt er.
»Zu schwer ist er nicht, der Stein?« fragt Daniel besorgt.
Das reizt seinen Bruder zum Lachen. Als ihn ein ärgerlicher Blick des Vaters trifft, hält er schnell die Hände vors Gesicht.
»Also, kommt, wir gehen wieder hinauf«, sagt der Vater. Daniels Frage hat er nicht beantwortet. Statt

etwas zu sagen, hat er nur den Ziegel ein bißchen beiseite gerückt.
Daniel ißt heute sehr wenig. Nach den ersten Bissen sagt er: »Ich kann nicht mehr!« Eigentlich müßte die Mutter jetzt die Augenbrauen hochziehen, und der Vater müßte zumindest erstaunt dreinschauen.
Aber nichts davon geschieht.
Weil sie den Daniel lieber haben als mich, denkt Rainer. Gleichzeitig weiß er, daß das nicht stimmt. Ihm ist ja nichts Trauriges passiert, sein Pampfel liegt nicht im Garten unter einem Ziegelstein.
Nach dem Abendessen drückt sich Rainer in der Küche herum. Dann fragt er plötzlich: »Kauft ihr dem Daniel jetzt einen neuen Knolli?«
»Vielleicht später einmal«, sagt die Mutter. »Weißt du, ich staune über den Daniel – er hat mich gefragt, ob du ihm erlauben wirst, manchmal den Pampfel zu füttern.«
»Was? Meinen Pampfel?« braust Rainer auf.
»Nur manchmal«, sagt die Mutter. »Und nur, wenn's dir recht ist.« »Naja«, brummelt Rainer.
»Du kannst es dir ja überlegen«, meint die Mutter.
»Naja«, sagt Rainer. »Ich denk drüber nach.«
»Das ist lieb von dir«, sagt die Mutter und lächelt ihn an.
Daniel schläft schon, als Rainer zu Bett geht. Daniel hält seinen Teddy im Arm, aber das tut er ja immer. Neu ist, daß auf dem Lampentischchen neben Daniels Bett die graue Gummimaus sitzt und daß vor ihr Knollis Futterschüssel steht.
Rainer schaltet das Licht ab und kriecht unter die Decke.
Das ist lieb von dir, hat die Mutter gesagt,
Rainer starrt in die Finsternis.
Nach einer Weile steht er leise auf, holt Pampfels Käfig aus seiner abgesperrten Ecke und stellt ihn in die Mitte

des Zimmers, genau zwischen seinen und Daniels Winkel.
Am Morgen, wenn Daniel aufwacht, wird er es sofort sehen. Und er wird verstehen, was damit gemeint ist.
Hoffentlich! denkt Rainer. So dumm kann der Daniel gar nicht sein, daß er das nicht versteht. Naja, wahrscheinlich freut er sich sogar!
Rainer tappt zu seinem Bett zurück.
Eigentlich bin ich ganz schön blöd, fährt es ihm flüchtig durch den Kopf, das ist ja mehr, als sich der Daniel gewünscht hat! Mit einem Seufzer rollt er sich zur Wand. Der Daniel wird Augen machen in der Früh!
Und er selber?
So richtig zugeben würde es Rainer wohl kaum – aber die Zeit bis zum nächsten Morgen kann er fast nicht erwarten.

Vera Ferra-Mikura

Brüder und Schwestern

»Du, Mutti?«
»Ja, Karin, was ist denn?«
»Wir haben doch davon erzählt, daß wir alle noch den anderen Vater haben. Dann hast du ja auch diesen anderen Vater?«
»Ja«, sagt die Mutter, »Gott ist auch mein Vater und Vatis Vater. Er ist auch Astrids und Michaels Vater.«
Karin denkt angestrengt nach. Dann sagt sie:
»Gut. – Aber dann bist du ja meine Schwester! Und Vati ist mein Bruder!«
Mutter lacht:
»Ja, du hast recht. Das kann man so sagen.«

Hans Grewel

Quellennachweis

(Die in Klammern gestellten Seitenverweise bezeichnen die Fundstelle im vorliegenden Buch.)

Alle gratulieren (S. 129). Aus: B. H. Bull (Hg.), Glück und Segen. Mosaik Verlag, Hamburg 1964

Ayck, Thomas, Ein Stein (S. 102)

Binding, Rudolf G., Ein großer Schatz (S. 33). Aus: Die Blümelein des heiligen Franziskus von Assisi. Aus dem Ital. v. Rudolf G. Binding. it 48, © Insel Verlag, Frankfurt/M. 1973

Bolliger, Max, Was du teilen kannst (S. 75). Aus: Ders., Weißt du, warum wir lachen und weinen? Verlag Ernst Kaufmann, Lahr 1977; Der Regenbogen – Noach (S. 88). Aus: R. Krenzer / V. Fritz (Hg.), 100 einfache Texte zum Kirchenjahr, Verlag Ernst Kaufmann, Lahr / Kösel-Verlag, München 1983

Brecht, Bertolt, Reicher Mann und armer Mann (S. 37). Aus: Ders., Stücke. Suhrkamp Verlag, Frankfurt/M.

Ferra-Mikura, Vera, Knollis Käfig ist leer (S. 155). Aus: Machet die Erde nicht kaputt. Verlag Herder, Wien

Gebhardt, Hertha von, Koschka und der Blinde (S. 146). Aus: Dies., Baustelle – betreten verboten. C. Dressler Verlag, Berlin 1962

Gellert, Christian Fürchtegott, Bruder Mensch (S. 153)

Grewel, Hans, Brüder und Schwestern (S. 158). Aus: Aufbruch zum Frieden. Bd. 1. Schroedel Schulbuchverlag GmbH, Hannover 1973

Guggenmos, Josef, Elsibeth (S. 42); Die Andere (S. 72); Der Wolf von Gubbio (S. 96)

Harbert, Rosemarie, Eine leuchtende Brücke (Orig.-Titel: Der Regenbogen) (S. 91)

Haubold, Günter, Schlechte Laune (S. 93). Aus: Bei uns nebenan. Sachheft f. d. Grundschule. Hirschgraben-Verlag, Frankfurt/Main

de Jong, Bischof von Zambia, Lebendiges Wasser für alle (S. 67). Aus: Misereor, Fastenkalender 1980

Klocke, Thomas, Das goldige Kreuz (S. 126). Aus: Th. Klocke / J. Thiele, Mit Kindern durch das Kirchenjahr. Verlag J. Pfeiffer, München 1982

König, Hermine, Der schönste Tag der Woche (S. 29); Anas große Sorge (S. 123)

König, Karl Heinz, Samuel erlebt ein Passa-Fest (S. 45). Aus: König/König/Klöckner, Jesus ruft uns. Kösel-Verlag, München 1977

Korschunow, Irina, Niki und der türkische Junge (S. 105). Aus: Dies., Niki aus dem 10. Stock. Herold Verlag Brück GmbH, Fellbach

Krautwurm, Friderun, Das Kind in der Pfütze (S. 36); Für Frieden – in Afrika (S. 110). Aus: R. Krenzer / R. Rogge (Hg.), Kurze Geschichten zum Vorlesen und Nacherzählen im Religionsunterricht. Band 2. Verlag Ernst Kaufmann, Lahr / Kösel-Verlag, München 1981

Krüss, James, Gesang der Tiere (S. 87); Drei Wünsche (S. 127); Was wünschen die Kinder der Erde? (S. 138). Aus: Ders., Alle Kinder dieser Erde. © by Georg Lentz Verlag GmbH, München

Märchen aus Israel: Das Feld der Bruderliebe (S. 75). Aus: Zwi Kanner, Jüdische Märchen. Fischer Taschenbuch-Verlag, Frankfurt/M.

Märchen, Russisches siehe *Sadko*
Magiera, Kurtmartin, Das Mahl – macht es später genauso, wenn ihr an mich denkt (S. 32). Aus: Ders., Sakrament Brot. Verlag Butzon & Bercker, Kevelaer 1970 (gekürzt)
Mertens, Heinrich A., Die fremden Gäste (S. 7); Das Brot des Vertrauens (S. 51). Aus: Ders., Brot in deiner Hand. Verlag J. Pfeiffer, München [6]1983
Meyer, Antonie, Du kannst jeden Freitag kommen (S. 13). Aus: R. Krenzer / V. Fritz, 100 einfache Texte zum Kirchenjahr, a. a. O.
Moon, Grace, Der heißersehnte Schal (S. 130). Aus: Dies., Kleine Indianerin Tschi-Wi. Boje-Verlag, Stuttgart
Mühlenweg, Fritz, Von diesem Brot gibt es die Fülle (gekürzt) (S. 48)
Quadflieg, Josef, Erdbeerkuchen für Sechsunddreißig (S. 11). Aus: Ders., Fünfzig Vorlesegeschichten. Verlag Ludwig Auer, Donauwörth 1972
Reding, Josef, Friede (S. 112). Aus: Ders., Gutentagtexte. Engelbert-Verlag, Balve 1982. Copyright by Josef Reding, Dortmund
Rodari, Gianni, Die Sonne und die Wolke (S. 152). Aus: Gutenachtgeschichten am Telefon. K. Thienemanns Verlag, Stuttgart [3]1967
Ruck-Pauquèt, Gina, Es war einmal ein Fischer (S. 68); Heinrich (S. 78)
Sadko (Das Märchen von Sadko) (S. 116). Aus: Das Wasser des Lebens. Verlag Werner Dausien, Hanau 1981 (gekürzt)
Schäfers, Gerda, Beim Fußball war Pedro einfach Klasse (S. 149)
Schnurre, Rainer, Kinder (S. 95). Aus: Die Stadt der Kinder. Gedichte. Hrsg. H.-J. Gelberg. © Georg Bitter Verlag, Recklinghausen
Schnurre, Wolfdietrich, Veitel und seine Gäste (S. 19). Aus: Ders., Als Vaters Bart noch rot war. © 1958 by Verlags AG »Die Arche«, Zürich
Tilmann, Klemens, Ein Bettler für andere (S. 77). Aus: Ders., Leben aus der Tiefe. Benziger Verlag, Zürich/Einsiedeln/Köln 1975
Tolstoi, Leo, Alles in zwei Teile teilen (S. 37). Aus: Ich und du und die ganze Welt. Middelhauve Verlag, Köln 1979
–, Wassja und der Bettler (S. 154). Aus: Ders., Der Bär auf dem Wagen. 48 Geschichten für Kinder. Übers. v. H. Baumann. Otto Maier Verlag, Ravensburg 1971 (Ravensburger TB)
Wiemer, Rudolf Otto, Jesus wohnt in unsrer Straße (S. 142)
Wilde, Oscar, Der Glückliche Prinz (S. 59). Aus: Federn aus meinem Flügel. Gesammelt u. illustr. v. Alice u. Martin Provensen. Otto Maier Verlag, Ravensburg 1973 (gekürzt). © Random House, NY (The Provensen Book of Fairy Tales)
Wölfel, Ursula, Die anderen Kinder (S. 15). Aus: Die grauen und die grünen Felder. Anrich Verlag, Kevelaer
–, Die Geschichte vom Hamster (S. 34). Aus: Dies., Achtundzwanzig Lachgeschichten. Hoch-Verlag, Düsseldorf 1969

Verlag und Herausgeberin danken für die freundlich erteilten Abdruckgenehmigungen.